# 발도르프 유아예술

**조바심 · 서두름을 치유하는 거꾸로 육아**

# 발도르프 육아예술

부모되는 철학시리즈 04

초판 1쇄 발행 | 2017년 1월 20일
초판 4쇄 발행 | 2019년 3월 28일


지은이 | 이정희
발행인 | 김태영
발행처 | 도서출판 씽크스마트
주　소 | 서울특별시 마포구 토정로 222(신수동) 한국출판콘텐츠센터 401호
전　화 | 02-323-5609 · 070-8836-8837
팩　스 | 02-337-5608

ISBN 978-89-6529-155-8　03370

• 잘못된 책은 구입한 서점에서 바꿔 드립니다.
• 이 책의 내용, 디자인, 이미지, 사진, 편집구성 등을 전체 또는 일부분이라도 사용할 때에는
　저자와 발행처 양쪽의 서면으로 된 동의서가 필요합니다.
• 도서출판 〈사이다〉는 사람의 가치를 밝히며 서로가 서로의 삶을 세워주는 세상을 만드는 데 기여하고자 출범한,
　인문학 자기계발 브랜드 '사람과 사람을 이어주는 다리'의 줄임말이며, 도서출판 씽크스마트의 임프린트입니다.
• 원고 | kty0651@hanmail.net

이 도서의 국립중앙도서관 출판예정도서목록(CIP)은 서지정보유통지원시스템 홈페이지(http://seoji.nl.go.kr)와
국가자료공동목록시스템(http://www.nl.go.kr/kolisnet)에서 이용하실 수 있습니다.(CIP제어번호: CIP2016031090)

씽크스마트 • 더 큰 세상으로 통하는 길
도서출판 사이다 • 사람과 사람을 이어주는 다리

부 모 되 는
철학시리즈
04

# 발도르프
# 육아예술

### 조바심 · 서두름을 치유하는
### 거꾸로 육아

**이정희** 지음

## 아이들은 스스로 자랄 힘을 갖고 태어난다

부모들은 욕심도 많고 걱정도 많다. 내 아이가 남보다 앞섰으면 하는 욕심과 혹시 내가 잘못해서 아이가 뒤떨어지면 어떡하나 하는 걱정 사이에서 갈팡질팡하다가 그냥 그때그때 유행하는 육아 트렌드를 좇기 일쑤다. 요즘의 대세는 단연 '선행학습'이라며 영유아기 부모들조차 내 아이가 어떤 아이인지 찬찬히 살피기도 전에 무작정 교육경쟁에 뛰어들고 있다.

이 책은 부모와 아이 모두를 불행으로 몰아가는 이러한 육아 방식의 대안으로 지적 선행교육의 무의미함을 깨닫고 아이의 존재를 온전한 개별체로 인정하고 아이의 발달 과정을 눈에 보이지 않는 부분까지 세밀하게 배려하는 발도르프 교육을 제시한다. 이론을 섭렵하고 현장 상황을 면밀하게 바라본 저자의 글을 읽어가다가 새삼 놀랐다. 내가 오래전 아이들을 키웠던 방식이 바로 발도르프 교육을 대충 따라 한 것이었다. 나는 모든 아이는 스스로 자랄 힘을 갖고 태어난다고 믿는 느긋한 엄마였다. 한창 아이들을 키우며 조바심치는 아들며느리들에게 이 책을 권하고 싶다.

_ 여성학자, (사)공동육아와공동체교육 이사장 **박 혜 란**

## 행복한 육아의 세계로 이끄는 귀한 선물!

'육아'는 인류가 가장 오랫동안 해왔던 일이고 인류가 존재하는 한 지속할 수밖에 없는 일입니다. 오랜 시간 육아를 해왔는데 '아이를 키우는 일'은 왜 점점 어려워질까요? 세상에서 가장 가치 있는 육아를 우리는 왜 매일 '전쟁'처럼 느끼고 있을까요?

이 책을 통해 저자는 간단하고 명료하게 답합니다. 영유아의 타고난 고유의 능력을 믿고 그들의 마음과 움직임을 세심하게 관찰하며 기다리라고! 발도르프 유아교육은 성인들이 영유아의 마음과 행동을 새로운 눈으로 바라볼 수 있도록 안내합니다. 과학과 인공지능이 아니라 감성을 지닌 사람의 창의력으로 '행복한 육아의 세계'를 열어줍니다.

이 책은 영유아를 키우는 부모뿐 아니라 교사, 아이들의 성장을 돕는 지역사회 모든 이에게 생명을 키우는 지혜를 주고 육아의 질을 높이도록 도와줍니다. 저자가 지닌 현실에 대한 깊은 통찰과 사람에 대한 섬세한 감성 그리고 행동하는 정신이 이 귀한 글들을 꿰어서 우리 모두에게 소중한 선물이 되었습니다. 미래 세대를 위한 고마운 책입니다.

_ 이화영유아발달연구센터 소장 **이 창 미**


## 아이를 바라보는 전혀 색다른 시선

막연히 자연 육아를 하겠다고 '아이는 자연에서 커야지' 하며 가기 싫다는 두 살배기 아이를 억지로 안고 동네 산에 내려놓으면 아이는 집에 가고 싶다 떼쓰고 '왜 이 아이는 산을 좋아하지 않지?' 당황스러워하다, 산에서 놀며 자랐다는 남편까지 억지로 데려가서 '아이와 재미있게 놀아줘서 아이가 산을 좋아하게 만들어주세요'라고 주문하고선 둘 다 흥미를 보이지 않자 짜증을 낸 웃지 못할 시간이 있었다.

'어떻게 해야 행복한 아이로 키울 수 있을까'라는 고민이 결국 '나는 준비가 안 된 부족한 엄마'라는 죄책감으로 이어져 지쳐갈 때 우연히 어느 육아 블로그에서 "아이는 놀아주는 것이 아니다. 아이를 가르치려 들지 마라"는 이정희 박사님의 강의 내용을 읽고서 정신이 번쩍 났다.

아이를 바라보는 전혀 색다른 시선의 이 한마디를 시작으로 우왕좌왕 헤매고 힘들기만 했던 육아뿐만 아니라 내 삶의 가치까지 강하게 변화되고 있다. 이 책을 통해 육아로 힘들어하는 모든 부모가 힐링하고 든든한 나침반을 얻는 길로 들어서길 간절히 바란다.

_ 마포구 성미산, 아이 엄마 **김선미**


## 부모와 아이의 관계에서 가장 중요한 것

깡마르고 강단 있지만 선하고 맑은 눈빛을 지닌 이정희 선생님. 선생님을 뵌 지 벌써 5년이 넘었다. 때로는 선생님과 격하게 논쟁하고, 때로는 예리한 통찰력에 귀를 쫑긋 세웠다. 그런 과정에서 인지학에 바탕을 둔 발도르프 교육이 지향하는 바를 조금씩 알아갈 수 있었다. 이 책에서는 그동안 수많은 영유아 부모와 어린이집·유치원 교사를 대상으로 발도르프 교육을 전파해온 저자가 우리 시대 부모의 육아 고민이 무엇인지 짚고, 해결책을 제시한다. 이 선생님의 지적이 가끔은 아프고 외면하고 싶을 정도로 신랄하지만, 입에 쓴 약이 몸에 좋듯이 아이와 부모에게 도움이 될 가르침으로 가득하다.

발도르프 교육에서는 사람이 삶의 이유를 지니고 탄생한 정신적 존재임을 강조한다. 부모가 아이를 선택하는 게 아니라, 아이가 부모를 선택한다는 것이다. 아이는 이 세상에 태어나기 전에 이미 자신의 '삶의 작품'을 구상할 힘을 갖고 있고, 부모는 아이가 제 본성대로 잘 크도록 뒷받침할 필요가 있다고 본다. 그러나 우리 시대 부모는 아이를 어떻게 대하고 있는가? 많은 부모가 자신이 원하는 아이를 만들기 위해 아이의 발달 과정에 전혀 맞지 않는 조기교육과 선행학습으로 아이를 혹사한다. 아이가 자신만의 삶의 이유를 꽃피울 때까지 기다리지 못하고, 조급한 마음으로 빨리 꽃을 피우라고 재촉한다.

육아 트렌드에 갈대처럼 흔들리고 '엄친아'를 보며 불안감을 느끼는 부모들에게 이 책은 육아의 본질이 무엇인지, 부모와 아이의 관계에서 무엇이 가장 중요한지 깨우쳐줄 것이다. 불안하고 힘든 육아가 아니라 행복하고 창조적인 육아의 세계로 독자를 안내해주리라 믿는다.

_ 한겨레 임신출산육아 웹진 베이비트리 담당기자 **양 선 아**

## 새로운 성장을 준비하는 동력

아이를 키우는 것은 정말 만만한 일이 아니다. 같은 방식으로 세 아이를 키워도 아이마다 받아들이는 성향이 다르니 정말 한배에서 난 게 맞는지 의문이 들 정도다. 그러므로 대부분의 양육자는 새롭게 등장하는 육아서를 탐독하고 합리적이고 과학적인 방식으로 아이의 재능을 발굴해내려고 애를 쓴다. 이 책에서 저자는 직장에서 제 몫을 똑 부러지게 해내고 있는 엄마부터 아이를 키우는 양육자 누구나 겪을 수 있는 여러 가지 상황을 예로 들어 쉽게 풀어나갔다. 시시각각으로 유행하는 육아 트렌드를 좇고 신기술을 장착한 육아용품에 매달리는 대신 가족이 함께 산책하며 아이가 스스로 성장하는 시간을 갖도록 기다려 주라고 한다. 이 시간은 아이에게는 물론 일상에 쫓기는 부모에게도 새로운 성장을 준비하는 동력이 될 것이다.

_ 서울시여성단체연합회 회장 **이 정 은**

## '아기를 낳았다'가 아니라 '아기가 태어났다'라고 생각한다면

층간 소음문제가 있다 하더라도 모처럼 듣는 윗집 아기의 울음소리는 우리 모두를 흐뭇하게 합니다. '으응? 윗집에 아기 낳았나?' 인구 한 명이 늘었다는 안도감을 느끼다가 부모가 겪을 양육의 고충이 떠올라 걱정이 되기도 합니다. 당사자인 부모 역시 제 먹을 것은 갖고 태어난다는 것은 옛말일 뿐이라며 아이를 잘 키워보겠다는 일념으로 허리띠를 졸라맬 각오부터 합니다.

세 살만 되어도 늦었다는 조급함에 시간 단위로 이곳저곳 유아교육센터를 돌며 다양한 학습경험을 하게 합니다. 아이가 힘들어서 안 하고 싶다고 하거나 오히려 돈이 없어 그렇게 해주지 못하는 부모들은 그것을 부러워하며 아이에게 미안함을 느낍니다. 하나라도 더 잘 할 수 있어야 경쟁력이 있다고 믿는 사회에 살고 있기 때문이지요. 아이의 성공은 곧 부모 하기 나름이랄까요?

그러나 이 책에서는 이러한 부모의 행동이 아이의 행복과 얼마나 거리가 먼지를 호소하고 있습니다. 저자는 부모가 아기를 낳았다는 생각으로, 양육을 숙제처럼 접근하기보다 아기가 부모의 몸을 통해 이 세상에 태어났으며 살고자 하는 자발적 동기가 있다는 아기의 입장에서 양육할 것을 강조합니다. 1장에 나오는 '엄마는 나랑 말하는 대신 누군가와 말하기를 멈추지 않고 있네요. 그럴 때 나는 마구 울어버립니다'라는 문장은 아이가 진정 엄마에게 원하는 바가 무엇인지를 깨닫게 해줍니다. 아이와 부모·자녀 관계로 만난 모든 부모가 이 책을 통해 아이는 어떤 존재인지 알아가며 부모로서의 행복을 찾았으면 합니다.

_ 중앙대학교 유아교육과 교수 **박 찬 옥**


## 이 세상에는 아무리 작은 것이든, 아무리 큰 것이든
## 그 '안'과 '밖'이 늘 존재한다

무엇이든 제일 좋은 것은 태초부터 필요에 따라 만들어진 '안'과 '밖'을 그대로 가지고 있음을 의미한다. 진품 산삼이나 송로버섯(최상품 시가 1kg 1억 이상)은 '안'과 '밖'이 태초와 같기 때문에 대단한 에너지 위력을 가지고 있다. 반면에 농약 주고 제초제 주고 기른 과일이나 야채는 '밖'은 상당히 그럴듯하지만 그 '안'은 우리가 먹어서는 안 될 만큼 비정상적인 상태이다. 그것들은 상온에 두면 금방 썩어 버리는데, 썩기 전에 먹어도 썩는 원인은 '안'에 그대로 남아 있어 먹은 사람에게 해를 끼친다.

교육적 차원에서도 안과 밖을 지향하는 종류가 있다. 아이들의 몸·마음·정신·생각이 겉으로 보여지는 데 치중하게 되면, '밖'은 그럴듯할지 모르나, 몸이 썩고 마음이 썩고 정신이 썩고 생각이 썩어 남에게 피해를 주는 비극적인 사람으로 성장한다. 썩은 과일은 버리면 되지만 자식이 썩으면 부모 자식 모두 평생 불행해지지 않겠는가. 이 책은 자녀들의 '안'을 썩지 않게 하는 이 시대에 긴요한 지침서가 될 것이다.

_ (사)아시아·태평양 지구생명 환경개선 협회장 **김 학 제**

## "일상을 예술로" 바꾸는
## 육아의 지혜를 찾아서

인공지능과 로봇기술은 다가올 4차 산업혁명의 핵심으로 주목받는 분야입니다. 딥러닝이 가능한 알파고의 위력을 우리는 2016년 봄 대한민국에서 목격했습니다. 이는 미래를 로봇이 지배할지도 모른다는 두려움을 주는 한편, 사람다움의 가치를 성찰하는 계기였습니다. 그러나 지금보다 한층 진화된 로봇이 생활의 편리함을 극대화하는 신세계가 펼쳐진다 해도 감성과 인성, 창의성 있는 아이를 키워내는 일만큼은 양육 봇이 대신할 수 없을 것입니다. 양육이야말로 사람의 원형적 가치를 오롯이 담는 영역입니다.

우리 사회에서 대부분의 부모가 육아 기간을 무척 부담스러워하며 삶에 가치를 부여하는 일과 무관하게 여깁니다. 한 세대가 흘러도 육아의 사회·문화적 환경이 변화되지 않으니, 부모라는 이유로 그 막중한 '인생의 짐'을 다 감당해야 하기 때문입니다.

## 서럽고 두렵고 불안하고 힘겨운 육아의 원인

'백년지대계'인 교육을 바로 세우려면 영유아 양육에서부터 혁신과 개혁을 이루어내야 합니다. 아이 교육을 국가가 책임진다는 공허한 정치 구호에 막연히 기댈 수는 없습니다. 아이들은 하루하루 커갑니다. 가정과 현장의 양육 그리고 유아교육이 질적으로 거듭나려면 개인의 의식부터 변화되어야 합니다. 영유아기의 성장은 한 사람 일생을 좌우하는 몸·마음·영혼의 토대를 이루므로 지금 자신의 육아 방식이 어느 쪽으로 달려가고 있는지 근본적인 질문이 필요합니다.

오늘날 주 양육자가 겪는 '서럽고 두렵고 불안하고 힘겨운' 육아의 원인은 무엇일까요? 삼사십대 젊은 부모층은 첨단 미디어 사회를 주도하는 세대답게 육아의 힘겨움과 일상의 불안증을 해결하는 데 정보통신망을 적극적으로 활용합니다. 하지만 무수하게 쏟아져 나오는 육아 정보와 빠르게 변하는 육아 트렌드로 이들의 불안증, 조급증, 강박증은 더욱 심해집니다. 뿌리 깊은 한국형 교육열에 휩쓸려 내 아이를 위한 '명품 양육법'을 찾느라 우왕좌왕하고 있습니다. 일명 책 육아가 각 가정에 기본으로 한 자리 차지한 상황은 교육경쟁이 영유아기까지 슬며시 내려와 있음을 여실히 보여줍니다. 진정 깨어있는 부모라면 이런 분위기에서 한

걸음 뒤로 물러나, 제 안에 꿈틀거리는 '육아 욕망'의 정체와 아이에게 내는 조바심의 근원을 좀 더 꼼꼼하게 들여다보아야 합니다.

엄마들이 모이면 자주 하는 말이 있습니다. 분주한 일상에서 육아 트렌드에 휘청댈 때 저절로 나오는 독백입니다. '엄마인 내가 육아 주체로서 남들보다 잘하고 있나? 이렇게 쫓기며 사는 게 맞나? 지금 내 아이를 위해 최선을 다하고 있나? 그래! 육아에는 정답이 없다 하니 내 방식대로 키우는 게 맞겠지 뭐….' 불안과 확신이 교차하는 가운데 착각과 모순을 담은 육아의 수레바퀴는 멈추지 않습니다.

## 삶의 작품을 탄생시키는 육아예술가

내 아이를 위한 양육 방법을 결정할 때, 그 주체는 정말 부모일까요? 피양육자인 아이를 살피고 고려하는 과정이 빠진 '내 방식'에 아이는 과연 행복해할까요?

육아의 본질을 생각하며 내 아이에게 집중하는 부모는 다른 질문을 던집니다. '나를 통해 태어난 너라는 존재는 누구일까? 너는 양육자인 나에게 무엇을 기대하고 있니? 지금 네게 무엇이 필요할까?' 아이의 본성과 발달에 대한 질문은 부모가 자신을 성찰하며 육아의 궁극적 목표를 생각하게 합니다. 육아의 첫걸음은 아이의 존재를 온전한 개별체로 인정하는 데서 출발합니다. 양육은 자녀가 훗날 제 삶의 길을 행복하게 걸어가도록 단계마다 내적·외적으로 동반해주는 일입니다. 아이는 영유아기에 모방의 힘으로 세상을 배우며 스스로 성장해 나갑니다. 부모는 일상생활에서 저절로 어린 자녀에게 본보기 역할을 하며 안전한 울타리가 되어주어야 합니다.

부모는 자녀의 삶에 어떤 영향을 미칠까요?

발도르프 교육에서는 사람이 삶의 이유를 지니고 탄생한 정신적 존재임을 강조합니다. 아이는 부모를 선택하는데, 이 세상에 태어나기 전에 이미 제 '삶의 작품'을 구상하여 고유한 본성 안에 담고 있습니다. 그것은 저마다 매우 다르니 비교 대상이 될 수 없습니다. 또한 그 예술작품이 성공적으로 완성되려면 아이에게는 무엇보다 건강한 신체가 필요합니다. 아이는 생후 7년 동안은 아무 방해 없이 이것을 이루어내야 합니다.

영유아 부모와 현장 교사는 주 양육자로서 어린아이를 단순히 돌보며 키우는 사람이 아니라, 삶의 고유한 작품을 탄생시키는 '예술가'입니다. 삶의 작품은 기초부터 아주 조금씩 천천히 만들어집니다. 육아예술가는 생활 속의 여러 가지 '도구'를 가지고 따뜻하고 예리한 눈길과 창조의 힘을 담은 정교한 손길로 꾸준히 작업해야 그 원형을 살릴 수 있습니다.

## 양육은 아이 본성에서 출발

이 책에 실린 글들은 2012년부터 한겨레 임신출산육아 특화 웹진 베이비트리(http://babytree.hani.co.kr)에 〈아이교육, 그 새로운 발견〉이라는 제목으로 연재한 칼럼의 일부를 엮은 것입니다. 처음부터 육아서로 구상한 게 아니고 최신 육아정보나 흥미로운 육아 체험담을 나누는 것도 아니며 육아 문제를 해결할 구체적인 매뉴얼이나 지침을 제시하려는 것도 아닙니다. 여기에 나온 사례는 주변을 관찰하거나 교육 상담을 통해 모인 자료입니다. 타이거맘, 캥거루맘이 아니더라도 저마다 '좋은 부모'가 되려는 초보맘이나 직장맘 등 양육자가 아이 키우는 동안 흔히 부딪치는 일상 고민, 양육 현장에서 소소하게 겪는 이야기입니다. 육아 문제에 접근한 근거는 기존 교육의 시각과 무언가 '다르게', 즉 철저히 아이 본성에서 출발한 루돌프 슈타이너(Rudolf Steiner, 1861~1925)의 발도르프 교육론과 헝가리 소아과 여의사 에미 피클러(Emmi Pikler, 1902~1984)의 영아 발달론을 배경으로 합니다. 슈타이너 박사는 진정한 교육자라면 정신과학의 시각에서 아이의 발달 과정을 눈에 보이지 않는 부분까지 세밀하게 배려하기를 주문합니다.

현대 물질만능 사회에서 양육할 때 가장 힘들지만 중요한 것은 자라는 아이들을 감각적 자극으로부터 보호하고, 외부의 인위적인 촉진 없이 제 나름의 속도에 따라 자라도록 시간적 여유를 충분히 보장해주는 일입니다. "잔디를 잡아당긴다고 빨리 자라지 않는다"는 아프리카 속담이 말해주듯, 우리 사회는 지적 선행교육이 무의미함을 깨달아야 합니다. 그러면 오늘날 우리의 불행한 육아는 '행복한 육아'로 바뀔 수 있습니다.

육아의 행복감을 누린 평화로운 부모에게서 자연스럽게 자란 자녀는 유년기의 인권인 '놀 권리'를 충분히 보장받아 인성과 창의성의 토대가 단단합니다. 이런 아이들은 4차 산업혁명이 쓰나미처럼 밀려온다 해도 제 구상안대로 '인생 작품'을 주도적으로 펼칠 수 있습니다. 더 촘촘해지는 초연결 사회망이 사람다움의 기본가치를 뒤흔들어도 이들은 자아정체감을 지니고 행복한 삶의 주인공이 될 것입니다.


끝으로 이 책이 일상에서 얼핏 볼 때 '문제'로 여기기 쉬운, 본문에 소개된 사례와 비슷한 상황을 교육적으로 지혜롭게 대처할 '육아 본능'을 회복하는 데 자극제가 되길 바랍니다. 더욱이 가정경제를 휘청거리게 하고 아이를 괴롭히는 온갖 종류의 사교육과 한국 육아의 고질병인 '엄친

아'의 비교 잣대를 과감하게 내려놓는 용기를 얻는 데 작은 도움이 되길
기대합니다.

2017년 1월 목천에서

이정희

# 차례

추천의 글 • 4

머리말 • 10


## 1장  아이 발달을 존중하는 육아

1  육아 본질은 관계 맺기부터 • 25

2  육아의 황금 원칙 '함께하기'와 '홀로서기' • 29

3  아이 눈높이에서 자녀교육관을 세워주세요 • 35

4  육아 프로그램의 독, 육아보다 육아용품 • 40

5  '아빠 육아'의 함정 • 45

6  '황혼 육아'에서 주의할 점 • 51

7  어른의 어법과 말투가 아이를 짜증 나게 합니다 • 56

8  '세계 수준'의 영유아 교육 현장을 만들려면 • 59


## 2장  내 아이를 위한 보호막은 안전한가

1  아기방은 단순해야 좋습니다 • 68

2  모빌은 아이 발달에 도움이 될까요? • 72

3  생후 3년까지 아이의 보호벽은 어른입니다 • 77

4  외출이 잦은 아이들의 특성 • 82

5  아기의 명절 증후군 "나도 쉬고 싶어요" • 87

6  하드록이 아이 울음 잡는 비법? 아이 잡는 실험! • 92

7  많은 놀잇감은 집중력을 떨어뜨립니다 • 97

8  의지 발달을 가로막는 운동 보조기구 • 101

9  작은 어린이집의 귀한 선물 • 105

## 3장    상상력과 언어 발달을 위한 조언

1  동화, 제대로 들려주고 있나요? • 114

2  화려한 동화책이 상상력을 방해합니다 • 119

3  전래동화는 내면의 '보석상자' • 124

4  모국어 안착과 내적 안정감 • 129

5  언어 발달을 돕는 단서 네 가지 • 133

6  언어 발달에 '이상적인 환경'은 무엇일까요? • 138

7  '디지털 치매'에 노출된 아이들 • 143

## 4장  건강한 몸과 마음을 가꾸는 지혜

1  아기의 고열은 면역력 투쟁 • 153

2  영유아 권장 음식 vs 금기 음식 • 158

3  고기는 아직 소화하기 부담스러워요 • 164

4  전자파의 위험, 작은 것부터 바꿔보세요 • 169

5  유아기 성교육은 어떻게 해야 할까요? • 173

6  만 3세 반항기 슬기롭게 통과하는 법 • 178

7  이가 흔들리면 마음이 흔들린다? • 183

8  우리 순둥이가 유사자폐라니 • 188

9  상담과 테라피의 허와 실 • 193


## 5장  일찍 출발하면 먼저 도착할까

1  조기취학, 사회성 미성숙 이끈다 • 202

2  영어 조기교육의 부메랑 • 208

3  육아 트렌드에 무심해도 되나요? • 212

4  私교육이 死교육된다 • 217

5  유아를 위한 '선행교육 규제법'은 없나요? • 222

6  만 3~5세 '누리과정', 누구를 위한 제도일까요? • 226

7  만 7세 아이의 '이유 있는' 짜증 대처법 • 231

8  만들어진 영재, 엄마의 기대와 착각 • 237

9  인공지능 시대의 자녀교육 • 242

10 내 아이의 기 살려주는 취학 준비 • 248


고마움의 인사 • 255

주석 • 258

참고자료 • 259

# 1장

# 아이 발달을
# 존중하는 육아

## 엄마에게

사랑하는 엄마! 내 눈물을 닦아주세요. 내가 세상의 빛을 본 지 이제 10개월째 접어들었습니다. 지난주 할머니 생신 모임에서 엄마, 아빠가 할아버지와 돌잔치 장소를 의논하시더군요. 그런데 내겐 더 다급한 일이 생겼어요. 엄마와 나 사이를 교묘하게 갈라놓는 방해물이 있다는 사실 아시나요? 참기 힘든 아픔이 가슴과 머리, 뼛속까지 스며들고 있어요. 그동안 울음으로 하소연해도 소용이 없어서, 오늘은 엄마의 카카오톡을 두드려 봅니다. 지난번 외출에서 만난 산후조리원 친구들도 모조리 똑같은 상황이에요. 그 엄마들에게도 이 사연을 꼭 전해주세요.

하늘의 섭리일까요? 귀하디귀한 인연의 선물. 엄마, 아빠의 첫딸로 태어나게 되어서 참 고마워요! 특히 엄마 곁에 있으면 늘 기분이 좋아요. 엄마는 부드럽고 따스해요. 엄마 냄새도 참 좋아요. 그 냄새가 마음을 편안하게 만들어주니까요.

엄마가 나를 사랑스럽게 쳐다봐줄 때, 나도 엄마를 쳐다봅니다. 우리는 얼굴을 마주하며 아주 깊숙이 바라봅니다. '너는 누구니?' 엄마가 눈으로 물으면, 나 역시 엄마에게 질문해요. '엄마! 당신은 누구세요?' 이렇게 우리는 눈빛으로 말하며 서로 알아가고 있죠. 가족의 끈으로 연결되어 있음을 확인해요.

엄마, 엄마, 엄마! 나를 쳐다보고 있나요? 나는 여기 있어요! 엄마, 나랑 같이 있는 것 맞아요? 요즘 들어 엄마가 너무 멀리 있어요. 엄마, 엄마는 어디에 있나요? 나는 눈으로 당신을 찾고 있습니다. 엄마가 나를 쳐다보긴 하는데 부재중으로 느껴져요.

엄마는 나랑 말하는 대신 누군가와 말하기를 멈추지 않고 있네요. 그럴 때 나는 마구 울어버립니다. 그러면 엄마는 한 손으로 나를 쓰다듬고 달래주면서도 다른 손으로는 여전히 엄마 귀에 네모난 그것을 대고 다른 사람과 알 수 없는 말을 계속합니다.

엄마가 나를 유모차에 태우고 산책하러 나갈 때 참 기쁩니다. 바깥 공기는 정말 신선해서 기분이 좋아요. 가끔 엄마가 저에게 눈을 맞추며 천사처럼 웃어주시면 행복해요. 그런데 어느새 엄마는 한 손으로 유모차를 밀고 다른 손에 들려있는 그것에 빠져버립니다. 그럴 때 나는 또 칭얼대요. 엄마를 느낄 수 없기 때문이죠.

내 울음이 너무 약한가요? 엄마 손에 들려있는 그 야릇한 물건을 밀쳐낼 수가 없어요. 결국 그게 내 존재보다 더 강력하다는 사실을 깨달았습니다. 엄마를 빼앗겼네요. 비인간적인 것이 우리 사이를 비집고 들어왔어요. 겉으로 보기에는 엄마가 내 곁에 있지만, 당신은 나를 무척 자주 혼자 있게 만듭니다. 엄마! 겨우 잠깐 나를 쳐다봐주시는 거예요? 내가 엄마에게 그다지 소중하지 않다는 뜻인가요?

정말 그렇다면 나는 생존을 위해 깊은 내면으로 들어갈 수밖에 없습니다. 더 상처받지 않기 위해서, 나를 스스로 보호하기 위해서 숨는 거예요. 엄마! 나는 이제 완전히 멀리 떠나요. 엄마가 내 시선을 보면, 아마 내가 어디에 가있는지 알 수 있겠죠. 내 안으로 들어가 있으면, 아픔이 조금 덜해집니다.

엄마, 언제 나를 당신 곁으로 다시 데려가주실래요? 그때를 간절히 기다리고 있어요! 내가 더 커버리면, 당신 곁으로 데려가기 더 어렵고 오래 걸릴 거예요. 어쩌면 깊은 만남의 기회는 영원히 사라질 수도 있어요!

엄마를 사랑하는 아기가

## OOI

|

# 육아 본질은
# 관계 맺기부터

올겨울이 지나면, 또 어떤 양육법이 유행할지 모르죠. 전문가가 쓴 육아서도 많고 양육방식도 각기 다른 데다 아이 발달에 좋다는 육아용품도 넘쳐나서 선택하기 어렵고 어리둥절합니다. 아이 키우는 게 고시공부만큼 어려워요. 게다가 몇 년 후 학교에 보낼 생각을 하면 지금부터 아찔합니다. 세 아이 교육 때문에 작년에 해외로 이민을 떠난 고향 친구가 과감하단 생각이 들고 부럽습니다.

어린아이를 키우는 과정이 학교교육의 성공으로 이어져야 한다는 목표를 추구하는 분위기에서 자식은 부모에게 심리적인 짐이 될 수밖에 없습니다. 자녀교육 열풍이 우리 사회의 변화무쌍한 육아 트렌드와 맥을 같이 하는 이유이기도 합니다. 그런데 영유아기부터 다가올 학교교육의 성공을 염두에 두고 양육을 시도하는 것은 교육열을 넘어 대단히 위험한 발상입니다. 공부 경쟁을 고려하여 양육 스타일을 정하는 것은 아이를 심약하게 만들고 내면의 힘을 약화하는 지름길입니다.

소중한 내 아이를 '어떻게 성공적으로 양육할 것인가'라는 관점에서 육아정보를 찾기보다 '어떻게 행복한 아이로 키우고 교육할 것인가'라는 근본적인 물음이 시급한 시대입니다. 아이를 진정 사랑하는 부모라면 최신 육아 트렌드를 무턱대고 쫓거나 소위 교육전문가로 불리는 사람들의 조언에 휘둘리는 대신, 육아의 본질을 파악하여 내 아이에게 집중해야 합니다. 자녀의 본성을 이해하려면 따뜻한 눈으로 아이를 관찰하는 아날로그 방식의 양육에 주력하세요.

육아는 주 양육자인 부모의 내적 자세에서 출발합니다. 부모가 일방적으로 양육방식을 결정하고, 부모가 바라는 대로 아이를 만들려는 노력은 위험합니다. 아이가 어릴수록 실제 필요한 것은 매우 단순합니다. 바로 생존을 위한 '일상의 돌봄'이 그것입니다. 그런데 많은 부모가 가장 기본적인 것에 소홀합니다.

육아의 질을 결정하는 다음 네 가지 요소는 발도르프 영유아교육학에서 강조하는 부분입니다. 헝가리 소아과 여의사로 세계 영아보육학의 기초를 만든 에미 피클러(Emmi Pikler, 1902~1984)가 말하는 아이와 신뢰 쌓기 양육법과도 일맥상통합니다. 이것은 건강한 육아법을 찾는 부모라면 누구나 실천할 수 있는 보편적인 사항으로 일상생활에서 늘 확인할 수 있습니다.

첫째, 아이에게는 주변 사람들의 사랑과 온기가 필요합니다.

태아는 엄마 뱃속에서 자랄 때 따스한 보호막에 둘러싸여 최적의 상태를 경험하고 탄생합니다. 갓 태어난 생명체는 출생 전 경험을 바탕으로 엄마와의 친밀한 관계를 무의식적으로 요구합니다. 양수 안에 들어있는 페로몬 물질이 아기 뇌에 이미 각인되어 엄마의 호르몬 향을 기억합니다. 그래서 엄마 냄새만으로도 편안함을 느끼고 엄마 품 안에서 최고의 안정감을 얻습니다. 모유 수유는 엄마와 아기가 친밀한 관계를 맺는데 가장 효과적입니다. 아이의 기본 욕구는 엄마뿐 아니라 주변 어른 모두에게서 채워져야 합니다. 아기는 자신의 기대가 충족될 때, 방긋 웃는 미소로 반응합니다.

둘째, 어른의 손길과 눈길은 따스한 무언의 언어입니다.

어린아이는 일상의 돌봄에서 양육자로부터 사랑받고 보호받고 있는지 본능적으로 확인합니다. 하루에 몇 번씩 아기 기저귀를 바꿔줄 때 기계적인 손놀림으로 하기 쉽습니다. 특히 바쁠 때는 손동작에 서두르는 마음이 담기고 거칠어질 수 있으므로 주의해야 합니다. 기저귀를 갈고 몸을 씻기는 동안 어른 관점에서 목표를 향해 빠른 속도로 '일 처리'를 하면 아이가 쾌적함을 느끼기 어렵고, 불안함과 불쾌감을 느낄 수도 있습니다. 질 높은 돌봄은 서두르지 않고 돌보는 행동에 집중하며 아이에게 따스한 눈길을 보낼 때 가능합니다.

셋째, 다정한 말씨로 대화하는 기술이 필요합니다.

생후 2년까지 어린아이의 말은 유창하지 않지만, 일상의 돌봄에서 아이와의 대화는 중요합니다. 엄마가 다정하게 말을 걸면 아이도 다정하게 반응하며 안정감을 느낍니다. 기저귀를 바꾸고 옷을 입히거나 물을 먹일 때, 아기에게 따뜻한 눈길을 주면서 부드러운 말씨로 엄마가 어떤 행동을 하려는지 말하고 잠깐 기다려 줍니다. 그러면 아이는 엄마의 표정과 몸짓, 분위기에서 엄마의 의도를 감지하고 마음의 준비를 하며 '협조적'으로 반응합니다. 즉, 몸에 힘을 주어 버둥대거나 울지 않으며, 일련의 동작을 알아차리고 엄마에게 자신을 온전히 맡깁니다. 이런 과정에서 아이는 엄마와 긴밀한 관계가 되어 편안함과 신뢰감을 느끼게 됩니다.

넷째, 여유로운 몸짓을 위해 조용한 발길을 유지해야 합니다.

영아가 누워있는 공간에서 어른의 행동은 천천히 이루어져야 합니다. 분주한 분위기는 몸짓 가운데서도 발길로 많이 표현됩니다. 분주함과 서두름은 사람의 마음을 재촉해서 불안감을 조성합니다. 빠른 발걸음과 몸동작은 공기의 흐름을 빨라지게 해서 신생아가 지구의 리듬에 적응해가는 데 방해될 수 있습니다. 아이의 내적 안정감을 위해 자신의 몸동작에 순간순간 주의하며, 내면의 여유를 가지고 느긋하게 걷도록 노력해야 합니다.

육아의 왕도는 어디에도 존재하지 않습니다. 현명한 부모는 내 아이의 이상적 발달을 위해 양육의 정도를 지켜나갑니다. 여기서 가장 중요한 것은 육아의 본질 찾기입니다. 육아의 본질은 아이의 생존 욕구, 즉 관계 맺기에서 출발하는데 그것은 부모의 사랑을 토대로 한 사소한 일상에 스며있습니다.

부모가 욕심을 버리고 서두르지 않을 때 행복한 양육이 가능합니다. 특히 젊은 부모는 아이의 신체 발달뿐 아니라 지적 발달과 정서 발달이 빠르게 이루어지도록 다양한 자극을 주려고 시도합니다. 특정한 양육방식에 따라 영유아 발달이 한쪽으로 치우쳐 '웃자라기'가 생기면, 아이가 타고난 재능과 역량을 펼치는 데 어려움을 겪게 됩니다.

OO2

|

# 육아의 황금 원칙
## '함께하기'와
## '홀로서기'

가을이면 세 돌을 맞이하는 셋째 늦둥이 딸은 육아의 '황금 원칙'을 적용해 성공한 사례라고 장담합니다! 첫아들은 시어머님이, 연년생 둘째 아들은 친정엄마가 능숙한 실력으로 키워주셨죠. 40세가 넘어 여섯 살 터울로 셋째를 노산한 뒤로는 더 기댈 곳이 없어서 육아 휴직에 이어 사직서를 제출했답니다. 그리고 때늦은 육아 체험의 장으로 뛰어들었어요.

그즈음 〈존중과 협력의 육아법〉이라는 제목의 국제 특강이 눈에 들어왔어요. 수업 내용 중에서 생활 수칙의 첫걸음이 이색적이었죠. '엄마가 여유를 가지고 천천히 행동하면, 아이가 엄마에게 협력하기 때문에 육아 시간이 절약된다'는 역설적 표현이 예사롭지 않았어요. 두 아이의 양육을 시댁과 친정에 부탁했지만 직장맘으로서 육아서는 정말 많이 읽었는데, 이런 육아법은 처음 들었거든요. 특강의 핵심을 이해하고 기저귀 갈기, 옷 갈아입히기, 씻기기, 수유하기 등 아이를 돌볼 때 최선을 다해 이 원칙을 실천해보았습니다.

그런데 생후 몇 달간 정말 철저하게 엄마에게 의존하던 연약한 존재가 막막한 제 심정을 알아차린 듯 매 순간 '협조적'이라는 느낌을 자주 받았습니다. 세월이 지나 아이가 기저귀도 떼고 의젓해졌어요. 지금은 제가 식탁에서 여유롭게 신문을 보고 있으면 막둥이 꼬마는 거실과 방을 분주히 오가며 혼자서 정말 잘 놉니다. 이제 어린이집을 보내도 안심입니다. 겨울 지나고 더 늦기 전에 저의 정체감을 되살리는 직장을 알아보려 합니다.

헝가리 소아과 여의사 에미 피클러의 《평화로운 아이-만족스러운 엄마Friedliche Babys-zufriedene Mütter》라는 책 제목과 일맥상통하는 대목입니다. 부모로서 아이를 잘 키우고 싶은 소망은 한결같습니다. 공통된 목표를 달성하기 위한 육아법은 천차만별이지만, 피클러의 교육적 조언은 비교적 간단명료합니다. 자녀 성장에 대한 사소한 욕심과 일상의 분주함을 내려놓는 내적 자세가 아이의 평화와 엄마의 만족을 가져다줄 수 있다는 것입니다. 구체적으로 생후 2년간은 아이의 실제 욕구들을 세심하게 살피며, 인내심을 가지고 내 아이만의 성장 속도를 읽어낼 수 있어야 합니다. 이를테면 뒤집기, 배밀이, 기기, 앉기, 서기, 걷기와 말하기 등 기본적인 발달 과정을 촉진하는 자극은 필요하지 않으며 아이 스스로 자연스럽게 발달할 수 있도록 양육자가 시간과 공간을 확보하는 것을 강조합니다.

같은 맥락에서 루돌프 슈타이너(Rudolf Steiner, 1861~1925)의 인지학(Anthroposophy)을 바탕으로 한 발도르프 영유아교육론은 이른바 '존중과 협력의 돌봄'을 강조합니다. 여기서 육아의 '황금 원칙'은 두 가지로 축약됩니다. 생후 3년간의 이상적 발달은 어른과 '함께하기'와 아이의

'혼자 있기'의 균형을 전제로 합니다.

'함께하기'란 어린아이의 생리적 욕구들을 보살펴줄 때 어른이 취해야 하는 태도를 말합니다. 예컨대 옷을 갈아입히거나 기저귀를 바꾸어줄 때, 엄마가 아이를 마주하는 동안 서두름 없이 편안하게 대해주는 것입니다. 어른은 아이와 호젓하게 대화하는 자세를 취해야 합니다. 아이가 옹알이할 때부터 시작해서 무슨 말을 하든지 관심을 가지며, 아이가 잠시 딴청을 부려도 주의 깊게 바라봐주어야 합니다. 기저귀를 갈아주는 과정에서 아이를 마주 대할 때, 아이가 보이는 사소한 행동에도 주의를 기울여야 합니다. 즉, 아이가 주변 일에 관심을 가지고 다른 행동을 하는 것을 허용하며, 어른도 그 행동에 관심을 가지고 잠시 주목해준다는 뜻입니다.

아이는 자신의 생리적 욕구를 돌봐주는 어른이 서두름 없이 여유롭게 대하며 존중하는 수용적인 자세를 보이면 기저귀 갈이를 싫어하지 않습니다. 아이가 몸에 힘을 주거나 거부하지 않기 때문에 돌보는 과정이 훨씬 수월해져 시간이 단축될 수 있습니다.

이렇게 일상의 보살핌이 서두름 없이 편안하게 진행되면, 아이는 자신이 온전하게 받아들여진다는 느낌을 받게 됩니다. 아이와 양육자 간의 관계 맺기가 이렇게 차분하고 단단하게 이루어지면, 내적 안정감을 토대로 애착 형성이 잘됩니다. 다시 말해 아이에게 돌봄의 '함께하기'가 질적으로 충분히 채워지면, 그 만족감으로 어린아이는 자신의 놀이 활동에 '혼자' 집중할 수 있습니다.

이런 관점에서 가정육아뿐 아니라 영유아 현장에서 이루어지는 보육의 질적 측면을 이제 다른 각도에서 생각해보아야 합니다. 여러 명의 아이를 동시에 보살펴야 하는 영아반의 현실은 가정과 다를 수밖에 없고, 또한 정부에서 이미 정해 놓은 프로그램에 따라 아이들의 생활을 획일적으로 이끌어 갑니다. 이때의 부작용을 생각해보아야 합니다. 월령이 낮은 아이일수록 어른의 서두르는 손길로 '자동 처리'되는 돌봄을 받을 때, 말 못하는 그 아이들에게 불만족과 불안감이 조금씩 쌓여서 정서 발달의 불균형이 생기기 쉽습니다.

정부 정책에 따른 무상보육 이후, 설상가상으로 맞춤형 또는 종일반으로 나뉘면서 보육의 양적 기준에 혼선을 빚은 적도 있습니다. 국가의 미래 주인공인 영유아의 교육·보육을 정치·경제적 차원의 논쟁거리로 삼기보다 보육의 질적 기준을 높이는 데 힘써야 하지 않을까요? 외부 지표에 맞춘 획일화된 환경, 표준화된 일과표에 따른 돌봄을 통해 어린아이의 개별 욕구와 발달 속도를 최대한 고려할 수 있을까요?

진정한 보육 혁신의 새 물결을 만들기 위해 외적 틀이 아니라, 이제는 보육의 질을 고민하는 내부 혁신에 주력해야 합니다!

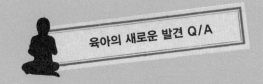

4세 그룹에 새로 들어온 여자아이가 다섯 달이 지나도 현장에 적응하지 못하고 있습니다. 맞벌이 가정이라 외할머니가 아이를 키워주세요. 엄마가 출근길에 아이를 데려오고, 외할머니가 하원을 도와주십니다. 학기 초 적응기는 엄마와 함께 등원하여 순조롭게 잘 넘겼는데, 얼마 전부터 떼쓰기가 다시 시작되었어요. 아무리 달래도 소용없습니다. 게다가 초임 교사 한 명에게 늘 매달려서 이 선생님을 꼼짝 못하게 합니다. 오전 내내 우는 날이면 할머니가 일찍 데려갔다가, 그다음 날에는 꼭 결석합니다. 현재 30개월인데, 현장에 적응하기는 무리일까요?

36개월 미만의 영아가 빠르게 현장에 적응하길 바라는 것은 어른들의 욕심입니다. 부모나 교사는 적응력이 뛰어나면 안심하지만, 적응 속도와 무관하게 어린아이가 집안을 벗어나 외부 공간에 몇 시간 머무는 일은 심리적 부담이 됩니다. 아이에 따라 낯선 환경을 감당하기 힘들 수도 있습니다. 가정의 여건에 따라 보육 현장의 돌봄이 꼭 필요한 경우라면 적응 기간을 충분히 확보해주어야 합니다.

불안해하는 아이를 위해 엄마가 다시 적응 과정을 가져보길 추천합니다. 불안해서 우는 30개월 아이를 선생님이 타이르며 달래봤자 아무런 효과가 없습니다. 정서 불안만 가중될 수도 있습니다. 그리고 아이가 어떤 교사에게 매달리는 것은 조금이라도 그 선생님에게서 엄마와 비슷한 분위기를 느끼기 때문입니다. 아이가 적어도 한 명의 선생님과 관계 맺기를 형성한다면 불안한 상황을 스스로 극복할 수도 있습니다. 어른과의 '함께하기'가 충족되지 않으면, '혼자 있기'의 힘은 늘 부족하므로 어린 아이가 울고 보채고 떼쓰는 현상을 보입니다.

003

|

# 아이 눈높이에서
# 자녀교육관을
# 세워주세요

급변하는 디지털·정보화 시대에 사는 부모가 자녀 양육과 교육문제에 자신의 관점을 정해서 흔들림 없이 살기란 쉽지 않습니다. 현재 영유아 자녀를 둔 부모 세대가 향후 20~30년, 지능정보 사회의 한 구성원으로 살아갈 자녀의 현실을 구체적으로 생동감 있게 예측하기도 불가능해 보입니다.

정보의 바다에 휩쓸리지 않고 뚜렷한 확신으로 자녀교육의 방향을 자신만만하게 선택했다고 자부했는데 먼 훗날 아이가 훌쩍 성장한 시점에서 그것이 허황하게 비친다면, 때늦은 후회로 남을 뿐입니다. 사람의 됨됨이는 쉽게 교정되기 어려우므로 자녀교육의 방향은 매우 신중하게 설정해야 합니다.

현재 교육풍토에서 아이의 성장에 맞는 올바른 자녀교육관을 정립하기는 대단히 어렵습니다. 텔레비전이나 라디오, 신문 등 미디어에서 교수, 의사, 교육학자가 좋다고 제안하는 교육방법은 저마다 다양합니다.

초보 부모는 사교육 시장에서 상업적으로 추천하는 쪽에 기울어지기 쉽습니다. 예컨대 주변에서 영유아 발달에 따라 인지능력을 계발한다는 프로그램을 추천받으면 엄마는 흔들리기 쉽습니다. 주위의 유혹을 단호하게 거절하고 자신의 관점으로 양육방법을 취사선택하려면 확실한 기준이 필요합니다.

이제 우리는 교육의 근본 가치를 새롭게 점검해보아야 합니다. 많은 부모님이 유아기부터 자녀의 인지능력 발달을 중시하고, 아이가 취학한 후에도 지적 교육을 최우선으로 생각합니다. 하지만 '교육'이란 지식을 차곡차곡 쌓아가는 일 이상의 의미를 지닙니다. 한 사람이 탄생하여 평생 독립적으로 세상을 배워나가는 과정입니다. 따라서 교육은 맨 먼저 가정에서 시작됩니다. 진정한 '자녀교육'은 부모가 아이의 신체 발달을 위해 보살펴주고, 나아가 내적 성장이 함께 이루어질 수 있도록 적절한 시기에 적절한 자극을 주는 일입니다.

가정에서와 마찬가지로 학교교육 역시 지적 학습에 치우쳐 있습니다. 아이들이 성장해서 장차 활동할 무대에서는 지적 능력뿐 아니라 다른 능력도 요구될 것입니다. 미래 세대를 역량 있는 세계시민으로 키우려면 기존 교육의 문제로 지적되는, 편협하고 과거를 답습하는 교육의 틀이 근본적으로 바뀌어야 합니다. 자유로운 사고 속에서 풍부한 상상력과 창의성, 상생의 능력을 갖추지 못하면 향후 4차 산업혁명 시대의 주인공 역할은 제한적일 수밖에 없습니다.

따라서 부모는 아이가 무엇을 할 수 있으며 무엇을 원하는지 알아야 합니다. 부모가 넓은 의미의 교육자로서 아이의 외적·내적 발달 단계, 즉 영유아기부터 아동기, 청소년기를 거쳐 성인으로 성장하는 과정의 특성을 파악할 수 있다면 미래 지향적 자녀교육관의 주요 단서를 얻은 셈입니다.

또 다른 문제는 젊은 부모가 가지는 육아 조급증입니다. 대부분의 초보맘은 어린아이의 의식이 빨리 깨기를 은연중에 바랍니다. 그런데 이것은 움직임의 발달을 후퇴시키는 주요 요인이 되며 두뇌 발달에 부정적인 영향을 미칩니다. 인지능력을 계발하는 데 치중하거나 유아용 학습지 등으로 지적 자극을 너무 일찍, 강하게 주면 영유아의 판타지 발달에 오히려 해가 됩니다. 즉, 이 시기에 아이는 활발하게 제 몸을 움직이며, 자유로운 놀이를 마음껏 할 수 있는 충분한 시간과 기회를 가져야 합니다. 유아의 상상력과 창의성은 놀이 과정에서 창조적으로 활동하면서 만들어지기 때문입니다.

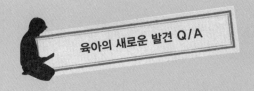

**아이에게 놀이가 중요하다는 말을 여기저기서 많이 듣습니다. 저희 딸아이는 만 3세인데 인형놀이만 좋아합니다. 아이 성장에 도움이 되는 놀이에는 무엇이 더 있을까요?**

발달 단계에 따라 놀이의 형태와 특성도 달라집니다. 아이가 현재 즐기는 놀이가 있다고 하니 정말 바람직합니다. 인형놀이를 매일 하더라도 아이는 상상 속에서 늘 다른 즐거움을 만끽할 것입니다. 만 3~5세는 상상력이 가장 풍부한 시기입니다. 어떤 놀이를 하더라도 아이는 자신의 판타지 안에서 놀이 세계를 새롭게 만들어 갑니다.

요즘 전래놀이가 좋다고 하여, 여러 기관에서 아이 발달에 맞지 않는 놀이를 제공하는 경우를 자주 봅니다. 예를 들어 겨우 걸어 다니는 두세 살짜리 영아에게 동그란 원을 만들게 하고 어른이 이끌어주는 활동을 하는데, 이 연령에는 적절하지 않습니다. 동그란 원을 유지하는 행동 자체가 어려운 시기입니다.

놀이에서 중요한 것은 상상력을 발휘하는 일입니다. 이것은 외부 자극으로 만들어지지 않습니다. 스스로 놀이 상황에 몰입할 때, 상상의 세계로 푹 빠져들어 갑니다. 어른은 아이의 자율성을 방해하지 않도록 주의해야 합니다. 아이와 놀아주어야 한다는 생각은 어른의 착각입니다.

물론 아이가 원할 때 놀아주면 어린 자녀와의 '관계 맺기'에 좋습니다. 그러나 아이 혼자 집중해서 재미있게 놀고 있는데, 어른이 놀아주려고 나서면 자유로운 놀이 시간을 빼앗게 됩니다. 아이가 혼자서 잘 놀고 있을 때, 어른은 어른의 일을 하면 됩니다.

# 육아 프로그램의 독,
# 육아보다 육아용품

엄마 없이 아이와 시간을 보내는 아빠의 모습을 담아낸 육아 예능프로 그램이 이른바 '아빠 육아'의 중요성을 사회적으로 부각한 점은 바람직 합니다. 그러나 긍정적 효과 이면에 있는 부작용도 생각해봐야 합니다. 오랫동안 변함없이 이어져온 '자식 사랑'이 물질주의 세태와 결합해서 시청자의 양육 소비심리가 다양한 형태로 나타나고 있습니다. 그중에서 두드러지는 두 가지 위험을 살펴봅시다.

첫째, 육아 히트상품입니다.

육아 프로그램에 아빠들이 사용하는 육아용품이 나오면 그 브랜드 상품이 불티나게 팔립니다. 스킵합 가방, 클렉오버 카시트, 스윙, 하이 체어 등 제품이 다양합니다. 간접광고 효과로 보고 넘어갈 수도 있지만, 이런 마케팅 전략(PPL)이 일반 가정에 적중하여 건강한 육아를 해칠 수 있습니다.

엄마들 사이에서 큰 화제가 된 육아용품 중에 하이 체어와 전동 스윙이 있습니다. 일명 '이휘재 식탁 의자'는 아이가 수면을 취할 때, 트림할 때, 앉을 때 각도를 조절하기 쉽고 '전동 스윙'은 요람 기능이 자동이고 흔들림이 없어 편리하고 좋다는 평가입니다. 아이 양육에 서툰 젊은 부모가 필수품처럼 여기고 즐겨 쓰는 육아용품이 점점 늘고 있습니다.

'편리함'을 가져다주는 육아용품의 부작용을 생각해보셨나요?

예를 들어 전동 스윙은 낮잠 재우기에 편합니다. 스윙 속도를 6단계로 조절할 수 있고, 15분 단위로 자동 멈춤 기능이 있습니다. 놀이용 아기 침대의 자동 장치 역시 그 기능이 뛰어납니다. 그러나 이런 육아 기구를 자꾸 사용하여 양육자 역할을 현명하게(?) 분담하면 그 작용이 아이의 정서 발달에 부정적인 흔적을 남깁니다. 양육의 질은 기계가 아니라 사람의 정성 어린 손길과 따스한 품 안에서 보장되기 때문입니다.

둘째, 영유아 발달 검사입니다.

육아 프로그램이 방송된 이후 상당수의 엄마가 애착 관계 형성을 우려하여 다양한 발달 검사를 받고 있습니다. 아이의 인지, 언어, 운동, 정서, 사회성, 적응 등 통합적인 발달 수준을 알아보고 발달 문제를 예방하는 차원에서 내 아이를 위한 맞춤형 양육 방법을 알고 싶어 합니다. 특히 "신체 발달 검사, 심리 검사는 아이의 발달 상태가 의심될 때 받을 뿐아니라 아이의 기질과 성향을 잘 파악하게 해서 그에 맞는 양육을 할 수 있으므로 정서 발달에 좋다"는 전문가들 견해가 초보맘에게 영유아 발달 검사를 받도록 부추깁니다.

소중한 아이가 정상적으로 잘 크고 있는지 확인받고 싶은 마음은 충분히 이해합니다. 그러나 검사 결과가 아무리 좋다 해도 잠깐 안심하는 용도일 뿐 아이의 건강한 성장 과정을 보장하는 것은 아닙니다.

어린아이의 건강한 발달을 위한 토대는 어떻게 만들어질까요?

영유아기의 심리 안정과 정서 발달은 건강한 '애착 형성'에서 출발합니다. 기능성 육아제품은 애착 형성에 긍정적으로 작용할 수 없습니다. 이를테면 양육자의 팔에 안겨 잠든 아이는 자신을 무조건 내맡긴 상태이므로 애착 관계를 바라는 욕구가 모자람 없이 충족됩니다. 전동 스윙의 수면 기능으로는 그 욕구를 채울 수 없습니다. 결국 어린아이가 양육자의 관심 속에 사랑받고 보호받는 경험을 많이 할수록, 애착 형성이 자연스럽게 이루어집니다.

최근 독일 뇌 과학자 게랄트 휘터(G. Hüther)와 울리 하우저(U. Hauser)의 주장에 따르면 돌봄 과정에서 '생후 3~6개월 사이 영아에게는 1초 안에 엄마가 반응'해야 하며, 아이가 무엇을 요청하는 시선을 보냈는데 바로 반응하지 않으면 곧 시선을 다른 데로 돌려버린다고 합니다. 신생아가 생후 1년간 세상과 단단한 관계 맺기를 이룰 수 있도록, 양육자가 일상생활에서 꼭 실천해야 하는 일은 오로지 세심한 돌봄입니다.

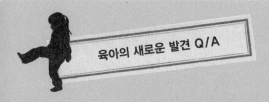
주변에 아이 또래 엄마들이 '베일리 영유아 발달 검사'를 추천하길래 보름 전에 직장 휴가까지 내서 만 2.5세인 둘째 아들 상현이를 데리고 번거로운 외출을 감행했습니다. 아동·청소년 심리센터에서 검사 결과에 따라 언어 치료와 정서·사회성 치료를 받는 아이를 꽤 보았어요.

상현이의 검사 결과는 2주 후에 나온다는데, 어린이집의 또래 아이보다 말이 좀 뒤떨어지는 것 같아서 벌써 걱정이 됩니다. 이런 종류의 테라피 외에 아이의 언어 발달에 도움이 되도록 집에서 할 수 있는 활동은 없을까요?

미리 걱정하실 필요는 없습니다. 혹시 발달 검사 결과가 나쁘더라도 낙담하지 마세요! 아이의 언어 발달은 개인차가 매우 두드러집니다. 특히 남자아이는 여자아이보다 언어 발달이 느린 경우가 많습니다. 이비인후과 검사에서 아무 이상 없으면, 아이가 충분히 움직일 기회를 만들어주세요. 다양한 움직임이 언어 자극에 결정적인 도움이 됩니다.

그리고 잠자리 동화를 들려주는 시간을 잘 활용해주세요. 동화를 들려줄 때는 꼭 육성으로 또박또박 발음하고, 천천히 읽어주셔야 합니다. 여러 가지 동화가 아니라, 같은 동화를 반복해서 들려주셔야 언어 자극에 큰 도움이 됩니다.

　한 가지 주의할 점은 일상생활에서 스마트폰이나 텔레비전 또는 라디오 같은 기계음에 노출되지 않도록 하는 것입니다. 신경이 예민한 아이는 전자 기기에서 나오는 소리를 자주 들으면 귀를 닫아버릴 수 있습니다. 혹시 그런 상황이 벌어지면 언어 자극이 현격하게 줄어들어 발달이 더욱 늦어집니다.

# 005
|
## '아빠 육아'의
## 함정

쌍둥이 외손자의 첫돌이 지나자마자 큰딸이 복직을 선언했어요. 경제 상황 때문에 맞벌이를 결정한 딸이 안쓰러워 저희 부부는 황혼 육아를 자청하고, 아예 큰딸네 집 근처로 이사했습니다. 1년은 그런대로 탈 없이 지나갔어요. 그런데 요즘은 시간을 과거로 되돌리고 싶은 심정입니다. 아이들이 부쩍 자라 활동량이 많아져서 짓궂게 놀다가 넘어지고 다치면, 가슴이 쿵 합니다. '아이 본 공과 새 본 공은 없다'는 옛말이 생각납니다.

주말에 사위는 이른바 '아빠 육아'를 성실하게 실천합니다. 백화점 문화센터의 토요 프로그램에 다니고, 일요일은 신나게 놀아주는 덕분에 저희는 해방입니다. 그런데 그 여파로 월요일이 되면 할아버지는 아이들에게 더욱 시달려요. 주말에 아빠랑 실컷 했던 체육 활동과 몸놀이를 계속해달라고 떼씁니다. 수요일쯤 되어야 차분해져요. 아이들이 이렇게 후유증으로 들떠버리니 문화센터 나가는 걸 중단시켜야 하나 싶습니다.

몇 해 전부터 육아의 중요성을 깨달은 대한민국 신세대 아빠들이 자녀 양육에 적극적으로 참여하려는 경향은 바람직합니다. 남성 육아휴직자 수는 꾸준히 늘어왔는데 몇 년 사이 그 증가 폭이 두드러집니다(고용노동부 자료: 2005년 208명, 2011년 1,470명, 2012년 1,790명, 2015년 3,069명, 2016년 1분기 1,381명으로 전년 대비 57.3% 증가). 그러나 맞벌이 가정에서 엄마의 육아, 가사 노동 시간은 매일 3시간 14분이고 아빠는 겨우 40분에 불과합니다(2015년 통계청 자료). 상황이 이런데 어린 자녀를 둔 젊은 초보 아빠는 마음만은 예능 프로그램의 '슈퍼맨'이 되고 싶습니다.

육아 전문가들은 아빠의 자극이 영유아 발달 과정에서 아이 두뇌를 바꾼다고 강조합니다. 더 유혹적인 것은 아빠와 놀이를 통해 유대감뿐 아니라 자신감, 창의성, 사회성, 자존감, 리더십 등을 키울 수 있다는 주장입니다. 생후 3년간 "아빠 육아가 아이 미래를 결정한다"는 말 때문에 초보 아빠는 자신만의 육아법을 찾아 그 효과를 극대화하고 싶어 합니다. 직장 일로 시달리느라 바쁜 아빠는 주말이라도 자신의 '밀린' 역할을 집중적으로, 강도 높게 채우고자 합니다.

이럴 때 키즈카페 나들이는 가장 손쉬운 해결책입니다. 이미 다 구성된 문화센터의 '아빠 주말 프로그램'도 마찬가지입니다. 아빠가 리더십을 발휘하여 아이와 신나게 놀아주고 남성의 강점을 살린 신체 놀이를 해주면 아이에게 균형 감각이 길러지고 공격성을 조절하는 연습도 할 수 있다는 홍보 문구에 젊은 아빠는 마음을 빼앗깁니다.

육아의 상업화와 맞물려 등장한 이런 풍속이 영유아 발달에 얼마나 도움이 될까요? '아빠표' 몸놀이가 과연 아이의 건강한 발달에 꼭 필요할까요? 엄마 육아와 아빠 육아가 자녀의 성장 과정에서 따로 나뉘어 작용할까요? 양육자라면 생후 3년간 건강한 신체 발달에 초점을 둡니다. 누구나 아이의 신체 움직임이 무엇보다 중요하다고 말하지만, 우리는 이제 아이 움직임의 질과 동작의 특성을 눈여겨보아야 합니다.

에미 피클러 여사는 긴 세월 아이를 관찰한 결과를 바탕으로 생후 3년 동안 양육자의 주요 과제를 간단명료하게 제시합니다. 어린아이 스스로 움직일 기회와 시간을 충분하게 보장하는 것입니다. 그 외에 어른이 무엇을 할 수 있는지 반문합니다. "어른이 인위적으로 구조화하고, 기발한 생각을 짜내어 구성한 체육과 체조는 오히려 아이가 잘 움직일 수 없게 만든다"는 의견입니다. 아이는 스스로 몸의 움직임을 조절하며 배워가기 때문입니다. 이때 어려움을 극복하는 방법도 배우면서 기쁨과 자기만족감을 느낍니다. 이런 과정 자체가 아이에게 성공을 의미하며 끈기 있게 혼자 힘으로 이뤄낸 인내의 결과이기 때문에 교육적으로 매우 중요합니다.[1]

현재 우리 사회에 유행하는 아빠 육아의 함정에 빠지지 않도록 조심해야 합니다. 어른과 함께하는 다양한 몸놀이와 체육 교실과 같은 활동은 아이가 자발적, 독립적으로 움직이는 활동과 질적으로 다릅니다. 아빠도 양육자이므로 단지 '플레이 대디' 역할에 머물러서는 안 됩니다.

어린아이는 주변 어른의 행동을 모방하고 놀이과정에서 재창조하여 자연스럽게 움직이며 즐깁니다. 아빠가 직접 집안일을 할 때, 아이는 그 공간에서 아빠의 존재를 느끼며 혼자 편안하게 놀이에 몰입할 수 있습니다. 주말이나 연휴, 휴가 때 숙제를 몰아서 하듯이 아이와 몸으로 흥미롭게 놀아주기보다 밀려있는 가사를 분담하는 구체적인 행동을 실천하세요. 이것이 더 바람직한 아빠 육아입니다!

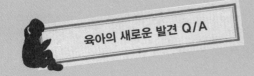

지난 토요일 미세먼지가 '나쁨'으로 나와서 놀이터 나들이와 공원 산책을 포기했어요. 남편은 주말이라도 아빠 육아를 실천한다는 각오로 아이 둘을 데리고 온 가족이 뛰놀 수 있는 '방방'으로 외출했어요. 아이들은 오후 내내 지치지도 않고 정말 방방 뛰다가 왔습니다. 새로 오픈해서 시설이 깨끗하고 널찍하여 꼬마들이 에너지를 발산하기 딱 좋더군요. 만 5세인 아들보다 2.5세인 딸이 더 힘차게 놀았어요. 이것저것 놀이기구도 실컷 타고, 소리 지르며 신나게 뛰고, 넘어지고, 음악에 맞춰 춤도 추며 좋아했어요.

두 아이가 머리라도 감은 것처럼 땀에 흠뻑 젖어 돌아왔는데 귀가 후에도 헛헛한지 한참 들떠있더군요. 아이들을 쫓아다니느라 저희 부부는 장시간 노동 아닌 노동을 하고 왔어요. 남편은 눈 밑에 다크서클까지 생겼더라고요. 그런데 그날 저녁부터 딸아이 아토피 증상이 심해졌어요. 며칠 더 지켜봐야겠지만, 좀 걱정되네요. 혹시 소리 지르며 방방 뛴 활동과 관련이 있을까요?

유아 피부는 외부 자극에 더욱 민감하므로 아토피 증상이 있는 유아에게는 가족이 일상생활에서 세심하게 배려해줄 수밖에 없습니다. 의학 소견은 아니지만, 방방 시설에는 아토피 증세가 악화할 수 있는 요인이 다분합니다. 새로 개장한 실내 놀이터 시설이 아무리 친환경 자재로 만들어졌다 해도 신축 건물이므로 얼마간 독소가 배출됩니다. 트램펄린이나 볼풀 같은 플라스틱 소재의 놀이기구는 영유아의 피부 호흡에 해롭게 작용할 수 있습니다.

또 몇 시간을 실내에서 뛰고 놀면 아이의 신체와 정서에 무리가 옵니다. 어른도 다크서클이 생길 정도로 피곤하다면, 아이 체력은 이미 소진된 상태입니다. 겉으로 볼 때는 아주 신나게 뛰며 잘 노는 것 같지만, 편히 쉴 쾌적한 공간이 없어 안정감을 얻지 못한 채 집 밖에서 오후를 보낸 셈입니다. 특히 다양한 놀이기구뿐 아니라 실내 공간의 음향, 화려한 조명이나 색채는 감각기관을 강하게 자극하는 스트레스 요인입니다. 강렬한 분위기에서 회복할 시간 없이 장시간 뛰어노는 활동이 아이 신경을 지나치게 자극하여 결국 과민 반응을 일으켰으리라 짐작됩니다.

루돌프 슈타이너 박사의 영향을 받아 네덜란드의 여의사 이타 베크만(Ita Wegman, 1876~1943)이 체계를 세운 인지학 의학(Anthroposophical Medicine)에서는 피부의 주요기능을 두 가지 관점에서 봅니다.

영유아 발달 과정에서 아기 피부는 외부와 내부를 구분하여 경계 짓는 동시에 외부의 위험요소로부터 방어하는 역할을 합니다. 어린 아기의 피부 질환은 세상에 적응하기 위해 자신을 보호하는 반응입니다. 따라서 피부 증상을 연고와 같은 약물로 달래는 방법은 최소화하고, 아기에게 민감한 반응을 일으키는 다양한 요소를 면밀히 관찰하여 그것을 멀리하는 일이 양육자의 급선무입니다. 피부가 예민한 성장기의 아기에게 자극 환경을 일단 피하게 해주는 것이 증상 완화를 위한 지름길입니다.

|

# '황혼 육아'에서
# 주의할 점

전통적인 '격대(隔代) 교육'은 조부모가 인생의 경륜과 지혜를 바탕으로 손자 세대를 교육하는 방식을 일컫는 표현입니다. 이때 기대되는 교육의 순기능은 조부모와 생활하며 직접 예의범절을 배울 수 있다는 것입니다. 이와 비슷해 보이면서도 사뭇 다른 성격을 지닌 '황혼 육아'가 부쩍 늘고 있습니다. 우리 사회에 이미 신조어로 자리 잡은 황혼 육아는 격대 교육 과는 전혀 다른 뉘앙스를 풍깁니다.

통계청 자료에 따르면, 전국의 맞벌이 부부는 510만 가구나 되고 그 가운데 절반을 훨씬 넘는 이들이 조부모의 '희생'으로 아이 키우기를 해결한다고 합니다(일본의 황혼 육아 통계: 만 2세 이하 17%, 만 3세 이상 10% 미만). 보육 인프라가 미흡한 상태에서 이처럼 직장맘이 친정부모 혹은 시부모에게 아이 양육을 맡기는 상황입니다. 황혼 육아는 이제 우리 사회에서 현실적인 대안이 되어버린 셈입니다.

가정에서 육아의 주인공 역할을 맡은 노인층의 실정은 다양하지만 크게 세 가지로 분류할 수 있습니다.

첫째, 타의에 의한 황혼 육아가 가장 많습니다.

60대 노인층이 원치 않는 활동 1위가 '손주 돌보기'라는 통계가 있지만, 자식을 위해 희생을 각오하며 양육을 떠맡고 있습니다. 이 중에서 약 40퍼센트가 양육방식 때문에 자녀와 갈등을 빚고 있다는 보고를 간과해서는 안 됩니다.

둘째, 정반대의 상황입니다.

어쩔 수 없어서가 아니라, 주로 딸의 전문직 활동을 뒷받침하기 위해 손주 양육을 자처한 경우입니다. 이런 할머니는 활달한 성격의 소유자이며 자식을 뒷받침하는 연장선에서 황혼 육아에 적극적으로 나섭니다. 베이비붐 세대의 할머니라면 그럴 가능성이 더욱 큽니다.

셋째, 초보맘이 육아를 전적으로 기대는 경우입니다.

자식이 전업주부인데도 양육을 혼자 해낼 수 없어서 친정부모에게 도움을 요청하거나 전부 의존하는 상황입니다. 친정엄마는 딸을 위하는 모성애 때문에 자의 반, 타의 반으로 황혼 육아를 시작합니다.

이처럼 다양한 이유로 돌봄의 주체가 부모에서 조부모로 상당수 이동하고 있습니다. 황혼 육아에서 행복감을 느끼는 노인층도 있지만, 육아의 고단함으로 노인층이 치르는 대가 역시 만만치 않고 우울증을 겪는 경우도 허다합니다. 예컨대 겨우 첫돌이 지난 손주가 예쁘고 귀해서 자꾸 업어주다 보니 아이 버릇이 잘못 들어 잠시 내려놓아도 울어대서 힘들어합니다. 끊임없이 움직이는 만 3세 미만인 아이의 뒷시중 때문에 쉴 틈이 없어 골병이 들었다는 분도 적지 않습니다.

온갖 희생에도 불구하고 주 양육자가 조부모일 때 영유아교육 현장에서 자주 발견되는 부작용이 있습니다. 황혼 육아의 보람된 결실을 위해 반드시 주의할 사항은 바로 '과잉보호'를 피하는 것입니다.

어린아이는 일상생활에서 스스로 많이 움직여야 건강하게 성장하며 세상을 배워나갑니다. 뒤집기, 배밀이, 기어가기 등 움직임이 발달하는 시기인 첫돌 전에는 아이를 업어주고 안아주는 횟수를 가능한 한 줄여야 합니다. 아이가 무언가 원하는 대상물을 잡으려고 안간힘을 쓰며 열심히 기어갈 때 안쓰러운 마음에 그것을 아이에게 가까이 가져다주거나 집어주어서는 안 됩니다. 아이가 힘들여 기어가서 물건을 직접 잡아야 신체 발달뿐 아니라 아이의 의지력이 자라나고 자기 확신과 성취감이 생깁니다.

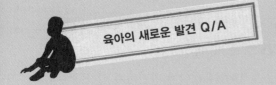

저는 가정어린이집을 운영하고 있습니다. 현장에 어려운 문제가 있어서 조언을 듣고 싶습니다. 지난 학기 9월에 아이들 네 명이 동시에 들어왔습니다. 그중에서 두 아이가 연말이 다가오는데도 아직 잘 적응하지 못하고 있어요. 30개월 희영이와 35개월 상혁이 때문에 선생님들이 고생이죠. 교사들 인내심이 거의 한계에 도달한 상태입니다. 두 아이의 공통점은 엄마가 전문직으로 일해서 주 양육자가 외할머니(50대 후반)라는 것입니다. 몇 차례 상담해보니 외할머니께서 희영이와 상혁이를 집에서 공주님, 왕자님처럼 키우셨더군요. 흙 한 번 밟지 않게 하며 애지중지하셨습니다.

두 아이에게서 두드러지는 문제 현상도 비슷합니다. 또래보다 말이 정말 서툴고 활동량도 무척 적습니다. 매사에 어른에게 의존하고 아이들과 전혀 어울리지 못해요. 움직이며 노는 데 흥미를 보이지 않습니다. 바깥 산책을 할 때면 더 그렇습니다. 적응 문제가 아니라 발달 문제로 보이는데, 현장에서 두 아이를 어떻게 도와주어야 할까요?

만 3세 미만 아이는 활발하게 움직이며 활동해야 발육이 건강하게 이루어집니다. 영아기에 움직임이 부족한 아이는 유아기에 들어서 외적 발달뿐 아니라 내적 발달에 여러 가지 어려움을 겪습니다. 직립으로 서기와 걷기는 생후 1~2년 동안 수없이 도전하고 실패하는 경험을 반복해야 가능해집니다. 이런 과정에서 아이 내면에 의지력이 만들어집니다. 또한 움직임을 통한 뇌 발달로 아이의 언어 발달도 촉진됩니다. 이런 이유에서 보행기나 아이용 운동 보조기구는 되도록 사용하지 않는 것이 좋습니다. 아이 스스로 움직이는 시간과 기회를 빼앗기 때문입니다.

희영이와 상혁이의 경우 현장에서 움직일 기회를 최대한 많이 만들어 주어야 증상이 조금씩 좋아질 듯합니다. 규칙적인 바깥놀이와 산책으로 운동 감각과 균형 감각이 좀 더 발달하면 저절로 좋아질 것입니다. 등원하지 않는 주말에도 집에서 가능한 한 '규칙적으로' 온 가족이 함께 산책하도록 권하시기 바랍니다. 날씨에 따라 실내에서 하는 공굴리기 놀이도 추천합니다.

# 어른의 어법과
# 말투가 아이를
# 짜증 나게 합니다

요즘 미운 일곱 살(만 5.5세) 선경이의 '위력'이 대단합니다. 퇴근해서 딸아이와 대화하며, 친절하게 대해주려고 저 나름대로 애쓰는데, 엄마가 무슨 말만 하면 투정 부리고 화를 냅니다. 낮에 어린이집에서 무슨 일이 있었는지 걱정도 되고, 뭐가 불만이라서 벌써 엄마에게 대드는지 모르겠어요. 직장맘으로서 불안하기도 하고 가끔 섭섭하기도 합니다. 이럴 때 아이에게 어떻게 접근해야 하나요?

취학을 앞둔 큰딸 채민이(현재 만 6세)가 요즘 들어 부쩍 이상한 증세를 보입니다. 아빠가 심부름시키면 곧잘 하는데, 유독 엄마 말에는 반항합니다. 최근 주말 오후에 산책하러 나갈 때면 온 가족이 한바탕 전쟁을 치릅니다. 저는 손이 제일 많이 가는 막내 챙기고, 아빠는 둘째 챙기느라 바빠요. 그래서 채민이에게 추운 날씨에 맞게 스스로 목도리 챙기고, 모자 쓰고, 장갑 끼고, 신발 신고 기다리라고 말하면 바로 울어버립니다. 사소한 일을 시키는데, 툭하면 우는 이유를 도무지 알 수 없습니다~!

선경이와 채민이가 투정 부리고 우는 행동은 자기방어를 위해 일종의 공격성을 보이는 것입니다. 두 아이의 상황은 달라 보여도 공통점이 있습니다. 엄마와 아이의 소통 문제인데, 특히 엄마의 어법과 말투에 주목할 필요가 있습니다. 엄마가 건네는 말 때문에 아이에게 과부하가 걸릴 수 있습니다. 엄마는 한없이 기댈 수 있는 존재라고 생각하기 때문에 아이는 자기 내면의 상태를 여과 없이 드러내는 방법을 택해서 쉽게 짜증 내거나 울어버립니다.

투정 부리는 선경이의 하소연은 과연 무엇일까요?

직장맘인 선경 엄마가 퇴근길에 아이에게 잘해주려고 관심을 보이며 말을 걸고 친절하게 대화하려는 시도 자체가 부담을 줄 수 있습니다. 아이는 엄마와 온종일 떨어져 있었기 때문에 마음이 힘든 상태입니다. 하원해서 엄마와 함께 걷는 시간 자체가 커다란 위안이며, 아무 말 없이 푸근하게 엄마를 느끼고 싶어 합니다.

그런데 엄마들이 하원 길에 아이에게 던지는 전형적인 질문이 있습니다. "오늘 누구하고 놀았니? 뭐 하고 놀았니? 간식은 뭐 먹었어? 엄마가 저녁에 맛있는 거 해줄 테니까 뭐 먹고 싶은지 말해봐!" 엄마와 아이 사이의 공백, 즉 떨어져 지낸 시간을 염려한 직장맘이 아이에게 의례적인 질문을 하면 역효과가 납니다. 엄마의 다양한 질문에 만 6세 이하인 아이가 일과를 떠올려 대답하기는 매우 어려우므로 짜증날 수밖에 없습니다. 더구나 무엇을 먹고 싶냐는 질문은 구체적인 답변을 요구하므로 아이가 감당하기 어렵습니다.

다시 말해 낮 동안 엄마와 떨어져 지낸 시간의 공백을 채우고 싶어서 아이에게 잘해주려는 의도는 부작용만 일으킵니다. 아이는 질문식의 대화보다 진정한 관심을 간절히 바랍니다.

울음으로 대처하는 채민이의 간곡한 사연은 무엇일까요?

대부분 어른은 취학 전 아이를 유아가 아니라 성장한 '아동'으로 대합니다. 외형적으로 제법 의젓해 보이니까 어른 말귀를 잘 알아듣고, 시키는 일도 척척 해내리라 기대합니다. 그러나 이 연령의 아이에게 서너 가지 일을 동시에 시키면 분명 과부하가 걸립니다. 아직 전체를 조망할 수 없는 아이에게 산책을 위한 준비로 목도리, 모자, 장갑, 신발을 스스로 챙기라고 한꺼번에 말하면 무엇을 어떻게 해야 할지 몰라 혼란스러울 뿐입니다.

또한 아이에게 말할 때, 피해야 할 어법이 있습니다. "채민이는 큰 언니니까 산책 준비를 혼자 해줄래?" "곧 학교 들어가는 언니니까 이런 것쯤은 혼자 할 수 있지?" "동생 좀 도와주지 않을래? 알았지?" 이처럼 무엇을 청하거나 질문 형식으로 말하면, 아이에게 그 뜻이 분명하게 다가오지 않고 선택사항처럼 느껴져 순간 당황할 수 있습니다. 할 일을 구체적으로 하나씩 정확하게 말해주는 소통방식이 아이에게 안정감을 줍니다.

# '세계 수준'의
# 영유아 교육 현장을
# 만들려면

친정어머니께 육아 도움을 받기로 약속된 기간이 거의 끝나갑니다. 새 학기부터 아이를 안심하고 맡길 곳을 찾아내야 합니다. 열심히 정보를 수집하는데 좀 난감해요. 이사한 지역의 현장 상황은 더 막막하네요. 인근 병설 유치원이나 구립 어린이집은 포기했고, 유아 놀이학교부터 사립 현장까지 여기저기 보고 있는데 역시 만만치 않아요. 몇 군데 주목하고는 있지만, 양질의 유아교육 현장은 어떤 기준에 따라 선택해야 하나요?

추천받은 유치원을 찾아가 상담해보면 '7차 유아교육과정의 수행'을 강조하고 어린이집에서는 '누리과정' '서울형' '평가인증시설'을 언급하던데, 이런 인증장치가 교육과 보육을 질적으로 보장한다는 뜻인가요? 놀이학교에서는 정신없을 정도로 다양한 프로그램을 강조하던데, 아이에게 정말 유익한가요?

저는 초보맘인 데다가 직장맘이라 정보가 취약한 편입니다. 세계 수준의 영유아 교육 현장이 국내에도 있을까요? 선택할 때 어떤 면이 결정적인가요?

이런 질문은 단순한 정보를 묻는 수준을 넘어서기 때문에 답변 역시 단순할 수 없습니다. 취학 전 영유아기의 성장 과정이 한 사람의 전 생애에 끊임없이 영향을 미친다는 연구 결과는 교육학뿐 아니라, 현대 심리학과 의학에서도 자주 거론됩니다. 생후 7년간의 발달은 아이에게 결정적이지만, 현대 가정의 육아 여건은 대부분 열악합니다. 부모는 대부분 맞벌이를 하고 가족구성원은 단출해서 어린아이가 가정 밖의 도움을 받으며 자랄 수밖에 없습니다. 따라서 영유아의 보육·교육은 사회 과제로 국가 차원에서 질적 향상을 이루어 내야 합니다.

이를 위해 현재 유치원과 어린이집에서 7차 유아교육과정, 누리과정, 표준보육과정, 평가인증, 서울형 등 다양한 제도를 마련하여 시행하고 있습니다. 그러나 이런 표준화 과정의 도입과 통일된 지표에 따른 평가가 보육 현장의 질을 얼마나 보장해줄까요?

한국식으로 획일화된 하나의 프로그램을 적용하는 것은 영유아 현장이 '세계 수준'에 도달하는 데 걸림돌이 될 수 있습니다. 국가에서 정한 틀에 따라 영아를 돌보고 유아를 교육하는 방식은 바람직하지 않습니다.

미래 세대가 국가의 경계를 넘어 훗날 세계시민으로서 활동할 역량을 쌓으려면, 영유아를 돌보는 유아교육·보육 현장에서 우선시해야 할 요소가 두 가지 있습니다.

첫째, 아이의 건강한 발달을 위한 근본 토대는 '정서 안정'입니다. 관계 인물을 통한 애착 형성이 중요합니다.

만 3세까지 엄마나 할머니의 품에서 관계 맺기를 이루며 자라는 것마저 아이에게 행운이 되어버린 시대입니다. 혈연과 친족 관계가 아니더라도, 현장 교사가 바뀌지 않고 지속해서 아이를 돌봐주면, 교사는 '관계인물'로서 아이 내면에 가족의 손길만큼이나 안정적이고 긍정적인 영향을 미칩니다.

둘째, 아이는 일상생활에서 충분한 움직임과 창의적인 놀이를 보장받아야 합니다.

유아교육 현장에서 자유로운 놀이는 아이의 상상력과 판타지를 촉진합니다. 나아가 놀이과정에서 아이의 사회성 발달이 자연스럽게 이루어집니다. 세계적 흐름을 봐도 유아교육 현장은 예비학교 역할을 하지 않습니다. 유치원, 어린이집이나 놀이학교에서 소위 '취학 능력'을 높이려고 쓰기, 읽기, 셈하기, 영어 등 '취학 준비'를 시키는 활동은 바람직하지 않습니다. 유아기의 뇌 발달 과정에서 인지능력보다 창의적인 상상력과 판타지를 촉진하는 일이 훨씬 중요합니다.

다시 말해 미래의 역량 있는 세계시민으로 키우려면 영유아기부터 인지교육을 하는 것은 무의미합니다. 그 대신 무엇보다 소중한 것은 인성의 밑거름과 창의성, 사회성의 토대를 쌓는 일입니다. 이를 위해 우리가 타산지석으로 삼을 자료가 있습니다. 교육 선진국인 미국과 유럽 여러 나라에서는 1960년대에 시도한 유아기의 지적 교육이 효과 면에서 실패했음을 인정하고, 이미 1970년대부터 유아교육의 방향을 바꾸었습니다. 만 3세 시기에 읽기와 쓰기를 배운 아이들이 아동기, 청소년기를 지나 성인으로 어떻게 성장했는지 추적 연구를 마친 결과, 이들이 정서 결핍을 보이고 창조적인 판타지 영역의 발달도 미흡했기 때문입니다.[2]

아이가 두 돌 막 지난 후, 남편과 이혼했습니다. 친정 식구나 주변 사람의 도움 없이 혼자 아이 키우기가 쉽지 않네요. 아이가 곧 만 3세가 됩니다. 제가 다시 직업을 구하고 아이는 어린이집에 보내려고 하는데, 잘 적응할지 불안하네요.

가계 형편을 생각하면 제가 꼭 취업해야만 하는 상황입니다. 그런데 아빠의 빈자리를 생각하면 엄마라도 집에 있어야 하는지, 차라리 초등학교 들어갈 때까지 기다렸다가 직장 생활을 시작해야 아이 정서에 좋은 게 아닌지 하루에도 수십 번 생각이 바뀝니다.

최근 발달심리학 분야에서 아주 흥미로운 연구 결과가 발표되었습니다.

이스라엘에서 아이의 발달을 연구한 사례였습니다. 키부츠에서 낮 동안 엄마가 일하느라 어쩔 수 없이 탁아소와 같은 돌봄 현장에 맡겨진 어린아이가 어떻게 성장했는지 연구했습니다. 놀랍게도 아침에 엄마와 떨어질 때는 분명 아이가 아픔을 느끼지만 저녁에 규칙적으로 다시 만나는 기쁨이 아이에게 치유 효과를 주었다고 합니다. 이런 성장의 조건에서도 엄마의 보호가 부족해 일어나는 증세나 애정 결핍 같은 정서 발달의 문제가 없이 자라났다는 것입니다.

되도록 돌봐주는 사람이 바뀌지 않고 돌봄이 안정적으로 이어진다면 부모의 빈자리는 충분히 보완될 수 있습니다. 아이가 낮 동안에 잘 놀고 있으리라는 엄마의 확신과 신뢰감 역시 중요합니다.

2장

내 아이를 위한
보호막은 안전한가

"아이고~! 이모님 오시기 전에 장난감을 치운다고 치웠는데도 아직도 이렇게 많네요. 전문가의 시각으로 이것저것 더 골라내주세요. 이번에는 아낌없이 버려야겠어요. 시댁 어른들이 3개월 전 백일 선물로 비싼 놀잇감을 많이 가져 오셨고, 이번 성탄 선물로 시동생과 시누님 두 분이 장난감을 또 가져오셨어요. 시가에서 6개월 된 진수가 유일한 손주여서, 가족의 사랑을 독차지하고 있습니다. 집안 모임마다 온 가족이 아이를 신기해하며 놀아줍니다.

그런데 육아용품뿐 아니라 장난감을 지나치게 많이 주시네요. 시동생은 해외 출장이 잦은데, 그 바쁜 일정에도 조카 선물을 잊지 않고 챙겨옵니다. 특히 모빌을 자주 선물합니다. 형수님 출산용품이라고 흑백 모빌을 가져온 다음부터 컬러 모빌, 유모차 모빌, 아기 침대용 모빌, 동물 모빌, 클래식 모빌 등 신기해 보이면 다 사와서 직접 바꿔 달아줍니다. 시댁 가족에게 좀 불손해 보여도, 주 양육자인 엄마로서 새해부터는 장난감 선물은 사양한다고 과감하게 선언해야겠어요."

# OOI

|

# 아기방은
# 단순해야 좋습니다

"한 자녀보다는 둘, 둘보단 셋이 더 행복합니다"라는 표어가 우리 사회에서 설득력이 있기 힘든 원인을 누구나 잘 압니다. 출산율 감소 문제가 심각하게 대두한 지 오래지만, 무엇보다 자녀 교육 문제와 맞물려서 긍정적인 변화를 기대하기 어렵습니다(통계청 자료 : 출산율 2005년 1.08명으로 세계 최저, 2015년 1.24명, 2016년 1.16명).

이런 상황에도 어린 자녀를 둔 젊은 부모 세대는 나름대로 '최고'의 양육을 시도하며, 건강한 자녀교육을 목표로 저마다 양질의 환경을 갖춰주려고 노력합니다. 어느 때는 그런 노력이 지나쳐 아이 발달에 해가 되기도 합니다.

아이가 건강하게 자랄 수 있는 환경적인 뒷받침은 구체적으로 무엇일까요? 넘쳐나는 육아정보 때문에 아기용품을 고를 때조차 흔들리기 쉽습니다. 양육 환경이 무엇을 의미하는지 이해의 폭을 넓히고 좋은 환경의 조건이 무엇인지 알게 되면 일상의 실수를 줄일 수 있을 것입니다. 흔히 양육 환경의 범위를 아이 주변을 둘러싸고 있는, 눈에 보이고 귀에 들리는 것으로만 제한하여 생각하기 쉽습니다. 그런데 발도르프 교육에서 환경의 범위는 훨씬 더 포괄적입니다. 감각적으로 와 닿는 물리적 환경뿐 아니라 보이지 않는 내적인 부분까지 포함합니다. 즉, 주변에 있는 어른의 도덕적, 비도덕적 행위뿐 아니라 내면 분위기가 아이의 성격 형성에 결정적인 영향을 미친다고 봅니다. 이 모든 환경 요소가 아이의 신체 발달뿐 아니라 정신에까지 작용하기 때문입니다.

물리적 환경을 구성할 때 흔히 하는 실수는 무엇일까요?

아가가 태어나기 전에 방을 꾸미고 아기용품을 준비하는 예비부모에게서 빈번히 목격되는 잘못입니다. 이것은 어른 중심으로 생각하다 보니 생기는 실수입니다. 예를 들어 신생아를 둘러싼 공간은 단순해야 하는데, 초보맘은 여기저기 모빌을 걸어줍니다. 일상용품에도 또 하나의 공통점이 있습니다. 아기방의 물건에 무늬가 많다는 것입니다.

이를테면 구름이나 무지개 등이 그려진 벽지를 고르고, 유리 창문에는 다양한 캐릭터 스티커를 '귀엽게' 붙입니다. 또 커튼과 아기용 수건, 이불, 요, 베갯잇, 매트도 성별에 따라 자동차, 비행기 또는 꽃, 나비, 병아리, 곰돌이 등 문양이 있는 제품을 선호합니다. 생산자는 이런 무늬가 아기에게 생동감을 주어 좋다는 생각으로 만들어냈고, 소비자 역시 그런 아기자기한 무늬가 끌려서 선택합니다.

영유아를 위한 환경을 구성하는 원칙은 간단합니다.

청각적으로 고요하고 시각적으로 단순한 것이 아이에게 유익합니다. 아이는 어릴수록 소리를 몸 전체로 흡수합니다. 강도 높은 기계음, 도로의 차량소음 등 여러 가지 소음은 어린아이의 신경계와 소화기관에 직접 나쁜 영향을 미칩니다. 사람의 부드럽고 조용한 말소리나 노랫소리가 아이에게 가장 긍정적으로 작용합니다.

실내의 전등과 다양한 문양이 있는 장식과 물품이 아기에게 시각적으로 어떻게 작용할까요?

- 누워 있을 때가 많은 신생아에게 형광등을 포함한 밝은 전등불은 시신경을 강하게 자극합니다. 시각 자극이 덜한 백열등이나 간접 조명을 설치하는 것이 좋습니다. 형광등을 교체할 수 없는 상황에서는 천장에 천으로 휘장을 치면 조명이 한결 부드러워집니다.
- 모빌의 여러 조각이 움직이는 대로 시선이 가면 아이가 안정감을 형성하는 데 바람직하지 않습니다. 특히 갓난아이는 자신의 시선을 자유롭게 바꾸기 어려우므로 아이와 가까운 거리에는 모빌을 달지 않는 게 좋습니다.
- 벽지와 커튼, 베개를 비롯한 이부자리에 규칙적으로 인쇄된 무늬는 아기의 시선을 방해하고 산만하게 합니다. 무늬 없이 따뜻한 파스텔 톤의 색이 내적 안정감과 온기를 가져다줍니다.

이런 단순한 환경은 아이가 세 돌이 지나 장난감을 가지고 자유롭게 놀이에 몰두하는 데도 큰 도움이 됩니다. 아이의 시선이 많은 문양에 가 닿으면, 놀이 과정에서 아이의 판타지와 집중력이 약해지기 쉽습니다.

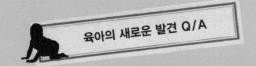

**시어머님께서 두 돌 지난 큰딸아이의 옷을 거의 도맡아서 사오십니다. 그런데 주로 글씨나 캐릭터가 있는 옷 아니면 꽃무늬 옷을 자주 사주십니다. 어떤 옷은 전혀 마음에 안 들지만, 어쩔 수 없이 입히고 있습니다. 옷도 아이의 환경으로 작용할까요?**

아이의 옷도 물론 환경에 속합니다. 단색으로 사주시면 더 좋겠다고 시어머님께 이유를 솔직하게 말씀드리면 이해해주실 것입니다. 더 중요한 것은 옷의 무늬가 엄마 마음에 안 드는데도 할머니가 사주셨다는 이유로 억지로 입힌다면 그 옷은 아이에게도 편한 옷이 아니라는 사실입니다. 어린아이는 엄마의 불편한 마음을 읽어낼 수 있기 때문입니다.

유아용 옷을 고를 때 무엇보다 주의할 사항은 소재입니다. 100퍼센트 순면을 적극적으로 추천합니다. 아토피와 무관하게 피부는 근본적으로 호흡해야 하므로 폴리에스테르, 나일론 등 합성섬유가 조금이라도 섞인 제품은 되도록 피해야 합니다.

# 모빌은 아이 발달에
# 도움이 될까요?

시골 마을에 아기가 태어나면, 마을 전체의 경사입니다. 아기 울음소리를 들어본 지 오래라며 특히 노인들이 좋아하십니다. 대도시도 마찬가지여서 어느 가정에서나 새 생명의 탄생은 집안의 큰 경사입니다. 게다가 저출산 사회에 들어선 이후 어른들은 더욱 아기에게 주목하게 되었습니다.

집에서 가장 어리고 귀한 존재를 향한 사랑을 물질로 표시하는 것은 자연스러운 현상입니다. 그런데 거실과 아기방에 놓여있는 다양한 물건이 아이 발육에 얼마나 도움이 될까요? 진기해 보이는 고급 장난감이 아기에게 과연 유익하게 작용할까요? 그중에서도 첫돌 전의 아기가 있는 집마다 필수품이 되어버린 각종 모빌을 우리는 새로운 시각으로 평가해 보아야 합니다.

일반적으로 생후 6주부터 3개월 사이 신생아의 발달에 모빌이 유익하다는 말을 사람들은 그대로 믿고 있습니다. 즉, 못 움직이고 누워있는 신생아가 모빌을 응시하도록 해주면 눈에 자극을 주어 시각 발달로 이어지고, 음악이 있는 모빌은 청각 발달에 좋다는 주장입니다. 나아가 혼들거리는 모빌이 대체로 3~6개월 시기 아이의 뇌 발달에 도움을 준다는 의견도 있습니다. 이런 다양한 이유로 거의 모든 가정과 영아보육 현장에서 각양각색의 모빌을 아기 주변에 매달아줍니다.

그러나 영아 관찰을 토대로 체계적인 보육학을 제시한 헝가리의 여의사 에미 피클러와 놀이 발달을 강조하는 발도르프 영유아교육학에서는 모빌에 대해 전혀 다른 주장을 펼칩니다. 모빌은 아기에게 수동적 놀잇감에 지나지 않으므로 감각뿐 아니라 독립적인 움직임의 발달에 전혀 도움이 안 된다고 말합니다.

실제로 아이를 세심히 관찰해보면 누구나 쉽게 알 수 있습니다. 영아는 아기 침대나 천장에 매달려 움직이는 모빌 모양을 인식하면 집중하여 쳐다봅니다. 어떤 음악 모빌은 자동 장치로 최대 40분간 소리를 내며 끊임없이 사선으로 천천히 돌아갑니다. 아기는 처음에 흥분된 반응을 보이다가 곧 시선을 조용히 고정하고 한참 동안 그것을 응시합니다. 이와 비교하여 영아가 자기 주변에서 흥미로운 사물을 발견하면, 대개 다르게 반응합니다. 모빌을 쳐다보는 강도로 흥분된 반응을 보이는 일은 극히 드물고, 그 지속 시간도 보통 매우 짧습니다. 또는 주변에서 어떤 새로운 대상물을 보면, 아이는 애써 그것을 만져보려고 몸을 적극적으로 움직입니다. 물건을 탐색하는 과정에서 처음 보이던 흥분은 만질 수 있게 되면 자연스럽게 감소합니다. 아이는 이처럼 대상물을 직접 만지면서 세상을 몸으로 경험하는 것입니다.

이와 반대로 머리 위에 걸려있는 모빌은 아기가 신기해하고 궁금해하지만 제 손으로 만지며 탐색할 수 없는 대상물입니다. 아기와 전혀 관련 없이 늘 저절로 움직이며 일방적인 자극을 줄 뿐입니다. 모빌은 바닥에 놓여있는 다른 사물에 비해 아기에게 수동성을 강요합니다. 아기가 흥분된 상태로 바라보다가 만지려 하면 도망가는(?) 이상한 물건입니다. 자기 시도가 매번 실패하면 실망하고 때에 따라서 잡으려고 버둥대다 짜증 낼 수도 있습니다.[3]

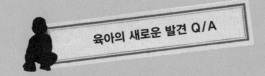

진수가 6개월인데 기기, 뒤집기와 같은 움직임이 별로 없고 손쓰기도 안 하는 편입니다. 바운서에 의젓하게 누워서 모빌을 보며 발차기만 해대고 있어요. 그래서 사파리 형태의 아기 체육관을 설치해줬더니 혼자서 아주 잘 노는 편이에요. 조산원 동기인 또래 친구네에 있는 뽀로로 발차기 드럼 체육관도 좋아 보였어요.

근데 다른 아기들은 아기 체육관에서 나오는 노래나 효과음을 좋아하는데, 진수는 이런 소리를 싫어하고 주크박스에서 나오는 불빛이 번쩍거리면 몇 번 소리 지르다가 울려고 합니다. 아기가 소심한 성격일까요?

아기용품의 광고 문구에 현혹되지 않도록 깨어있어야 하는 시대입니다. 바운서는 인체공학적으로 설계되어서 아기에게 안락하다고 소비자를 유혹합니다. 초보맘이나 황혼 육아를 맡은 조부모는 분유를 수유할 때 각도가 조절되며 낮잠 재울 때 흔들침대 역할도 하는 다목적 아기용품인 바운서를 선호합니다.

하지만 아무리 고급 바운서라 해도 사람 품을 능가할 수 있을까요? 그리고 아기가 바운서에 '편히' 누워 있으면 마음대로 움직이지 않으니, 어른이 다른 일을 할 때 방해받지 않아서 편리하다고들 합니다. 이것이야말로 위험한 생각입니다. 영아기에는 자유롭게 많이 움직여야 신체 발달에 유익합니다.

　이런 이유에서 아기 체육관 같은 육아용품을 사용하는 것도 심각하게 검토해보아야 합니다. 이것은 양육자가 40분간의 자유를 만끽할 수 있는 편리한 용품으로 알려져 있습니다. 선명하고 예쁜 색채로 만든 매트 위에 설치된 아기 체육관을 아기가 정말 좋아할까요? 주크박스에서 반짝이는 불빛과 함께 다양한 노래와 효과음이 끊임없이 나오는 물건 앞에서 아기는 시각과 청각 자극을 받아 흥분된 상태로 움직입니다. 아기가 말할 수 있다면 엄마에게 요청할 것입니다. 저 요란한 기계가 나를 정신없게 만드니, 좀 치워달라고!

003

|

# 생후 3년까지
# 아이의 보호벽은
# 어른입니다

갓난아이가 처음 배우는 말은 십중팔구 '엄마'입니다. 세계 공통의 현상
이지요. 언어학에서도 증명된 사실이지만, '엄마'라는 말은 양육에서 대
단한 의미를 담고 있습니다. 어린아이는 주 양육자인 엄마, 할머니 또는
보육교사를 통해 세상을 알아가면서 자신이 가장 의지하는 상대를 엄마
라고 부르기 때문입니다. 간혹 양육자 역할을 맡은 아빠, 황혼 육아의 조
부모, 보육 현장의 교사가 어린아이를 키우며 엄마라고 불릴 때 밀려오
는 감정이 애틋한 이유입니다. 어떤 상황이든지 '엄마'라 불리는 당신은
그 아이에게 첫 번째 선생님 역할을 하고 있습니다. 인생을 먼저 살아온
사람인 선생님으로서 어린아이가 원만하게 성장하고 발달하는 데 책임
이 있는 존재입니다.

　아이마다 발달 속도와 특성이 다르게 나타나며, 발육 단계마다 중요
하게 작용하는 요소가 다양하지만, 양육의 첫걸음은 보편적으로 지켜야
하는 일상의 원칙을 정확히 알고 실천하는 것입니다. 감각기관마다 자극

이 넘치는 디지털 미디어 시대에 어린아이를 마주하는 어른이 꼼꼼하게 주의할 사항이 몇 가지 있습니다.

첫째, 갓난아이에게는 무엇보다 정서적 따스함이 필요합니다.

어린 생명체가 피어나는 '둥지'는 사람이 만드는 따스한 내적 분위기입니다. 아이는 사랑이 스며든 집안의 온기 속에서 충분한 안정감을 느낍니다. 이것이 바로 세상을 향한 온전한 신뢰감과 성장 발육의 밑거름으로 작용합니다.

둘째, 물리적 온기입니다.

이것은 어린아이에게 생존을 위한 필수 조건입니다. 생리학 연구에 따르면, 태아기에 양수의 쾌적한 온도에 익숙해진 생명체는 탄생하는 순간 '쇼크' 현상을 겪습니다. 신생아의 피부에 와 닿는 공기가 무척 차갑기 때문입니다. 따라서 실내 공기의 온도가 적절해야 합니다. 또한 갓난아이가 입는 옷의 질감이 중요합니다. 피부에 직접 닿는 천은 포근함, 따스함과 부드러움을 느끼게 해 촉각 발달에 도움이 되도록 세심한 주의를 기울여야 합니다. 침구류와 속옷용 천은 부드러운 융이나 순면, 포근한 양모, 따스함을 주는 매끄러운 천연 비단이 적절합니다.

셋째, 어린아이는 넓은 의미의 '보호막'을 필요로 합니다.

물질이 풍요로운 현대 사회에서 아이 발달에 유해 환경이 되는 요소는 매우 다양합니다. 감각기관 중에서 특히 시각기관과 청각기관에 와 닿는 강한 자극이 어떤 영향을 미치는지 생각해보아야 합니다. 어린아이의 감각기관은 그대로 열려있습니다. 눈에 보이는 것을 보이는 그대로 엄청 집중하여 바라봅니다. 귀는 항상 열려있는 기관이므로 강도 높은 소리가 아이의 고막을 통과합니다. 다시 말해 감각기관으로 접하는 모든 인상을 그대로 흡수해버립니다.

요컨대 아이는 외부 자극이 유익한 것인지 또는 해로운 것인지 판단할 수 없는 상태에서 그 자극들을 아주 깊숙하게 빨아들이기 때문에 문제가 큽니다. 이에 비해 어른은 자신이 지각한 바를 사고의 힘으로 분류하고 정리할 수 있습니다. 보기 싫으면 안 볼 수 있고, 듣기 싫으면 의식적으로 귀를 닫고 안 들을 수 있습니다. 세상에 거리를 두고, 불필요한 것은 조절하며 피하는 일종의 '보호벽'을 스스로 만들 수 있습니다. 이것이 아직 만들어지지 않은 생후 3년간은 가장 예민하고 중요한 시기입니다. 어린아이에게 외부 자극이 강하게 각인되는 만큼 아이의 삶 전체에 결정적으로 작용할 수 있습니다. 다시 말해 어린아이는 주 양육자에게 온전히 의존할 수밖에 없으므로 아이가 단단한 보호막을 형성하도록 어른이 안전한 보호벽이 되어주어야 합니다.

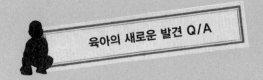

**아이가 막 첫돌을 지냈습니다. 모자를 자꾸 안 쓰려고 합니다. 발은 따뜻하게, 머리는 시원하게 해야 한다는 옛말처럼 아이가 원하는 대로 해주어야 할까요?**

인체에서 두개골의 발달이 가장 서서히 진행됩니다. 머리뼈 중심의 톱니 부분이 온전히 맞물려 완성되려면 40년 이상 걸립니다. 영유아의 두개골은 연약한 상태이고 머리는 열이 가장 많이 손실되는 부위이므로, 외출할 때는 물론 실내에서도 보호용 모자를 옷 일부로 생각하셔야 합니다. 어린아이는 어른처럼 빠르게 체온이 조절되지 않아서 머리에 땀이 잘 납니다. 그러므로 계절에 맞게 천을 선택해야 합니다.

신생아 때부터 모자를 쓰고 있는 습관을 만들어주세요. 첫돌이 지나면 이미 아기의 움직임이 발달해서 제 손으로 모자를 벗으려고 합니다. 이때 쉽게 벗겨지지 않도록 모자 끈을 이용하면 좋습니다. 외출할 때는 더욱 모자를 씌워야 합니다. 유아용 캡은 정수리를 보호해주지 못하니 아무 의미가 없습니다. 아기가 모자를 쓰기 싫어하거나 스스로 자꾸 벗더라도 씌워주세요. 모자는 옷처럼 중요합니다. 올바른 양육은 아이가 원하는 대로 다 맞춰주는 게 아니라 아이의 성장 발육에 유익한지 해로운지 구분하여 어른이 돌봐주는 일입니다.

**돌아보면 첫아이에게는 신생아 때부터 조용한 환경을 별로 만들어 주지 못했습니다. 산후조리를 제대로 하지 못해서 아이를 데리고 찜질방에 자주 갔는데, 참 후회스럽네요. 찜질방 같은 공간이 구체적으로 아이에게 어떤 피해를 줄 수 있나요?**

요즘 대형 찜질방·사우나는 시설이 잘 갖춰져서 남녀노소를 막론하고 즐겨 이용합니다. 그러나 어린아이를 데리고 가기에는 적절하지 않습니다. 먼저 냉난방시설이 문제입니다. 영유아기는 피부의 땀샘과 땀구멍이 발달하고 있으므로 에어컨이나 온풍기 바람에 많이 노출되면 건강에 해롭습니다. 그리고 몇백 평의 넓은 공간과 시설은 보호막을 형성하는 시기에 적절하지 않습니다. 같은 이유로 아이 방을 정할 때도 넓은 공간보다 아늑한 크기로 해야 좋습니다. 비슷한 예로 젊은 부부가 주말에 아이를 데리고 백화점 쇼핑을 하거나 대형마트에서 장 보는 모습을 종종 목격합니다. 이런 대형시설은 공간 크기, 소음 강도, 형광등 불빛과 진열된 물건 등이 아이의 신경을 자극합니다.

주말에 마트나 사우나를 다녀온 후 아이가 더 보챈다면 감각적으로 과도한 신경자극이 일어나 보호막과 안정감이 잠시 깨졌기 때문입니다.

# 외출이 잦은
# 아이들의 특성

외동인 딸아이가 어느새 엄마가 되어 친정엄마에게 전화로 일상을 보고 합니다.

> 엄마! 나 요즘 키즈카페랑 문화센터에 다니며 아현이(6개월)랑 잘 놀고 있어요~! 아기와 온종일 씨름하며 지내니까 너무 따분해서 한 달 전부터 매주 화요일에 외출해요. 혼자 나가기가 번거롭고 조금 두려웠는데, 한번 시도해보니 이제 재미있어요. 근데 지난주부터 아현이가 좀 이상해졌어요. 문화센터 다녀온 날은 초저녁부터 곯아떨어지는데, 다음날엔 더 짜증을 부리고 한번 울기 시작하면 자지러지게 울어요. 어디가 아픈 걸까요? 어떻게 생각해요?

첫 손녀를 둔 50대 후반의 친정엄마는 다시 교육 상담가를 찾아 하소연하는 어조로 말합니다.

내 딸은 물론이고 요즘 젊은 엄마들이 문화센터와 키즈카페 같은 곳을 너무 자주 다닙니다. 아이 키우느라 집안에서만 지내기가 지루하고 자신이 퇴보하는 것 같다며 돌도 안 된 아이를 데리고 조산원에서 만난 또래 엄마들과 곧잘 모이고 있대요. 문화센터에 가는 날은 아이와 함께하는 프로그램에 참석하는데 주로 음악에 맞추어 아기랑 춤추는 동작을 하다가 음악이 멈추면 동작을 멈추는 놀이를 한다더군요. 그 시간이 끝나면 말 통하는 엄마 몇 명과 점심 외식을 하고 커피까지 마시고 귀가하는데, 스트레스도 풀리고 정보교환도 쏠쏠하게 할 수 있다고 자랑입니다. 외출이 잦으면 아이에게 나쁜 영향을 미친다고 했더니 화를 내며 전화를 끊더라고요. 제 딸아이를 어떻게 설득해야 하나요?

초보맘 중에는 첫 아이를 잘 키우고 싶어서 여건이 되면 직장을 포기하고 양육에 전념하기로 한 경우가 꽤 있습니다. 그런데 이런 결심이 한 해를 넘기기도 전에 여러 번 고비가 찾아옵니다. 아기를 위해 정성을 쏟아가며 혼자서 모든 일을 해결하다가 어느 순간 불안감과 회의가 밀려듭니다. '바깥세상과 소통도 하지 않고 아무 정보도 없이 내가 이렇게 해도 되나?' '아이를 위해 몇 년간 집에서만 지내면, 나만 뒤떨어지겠지?' '나는 언제 자기 계발을 할 수 있을까?' '내 인생도 생각해보아야 하지 않나?' 출산 후 5개월쯤 집에서 착실하게 양육에 몰두한 초보맘이 흔히 하는 고민입니다. 이런저런 생각을 하다가 이왕이면 혼자 아이만 보는 시간을 유익하게 보내고 싶고, 양육 정보를 나누려고 또래 엄마와 수시로 만납니다. 이런 심리를 이용하여 키즈카페는 연일 호황이고, 수많은 문화센터에서는 아기를 위한 다양한 프로그램을 갖추고 있습니다.

엄마와 아기를 위해 일상에서 기분 전환을 할 필요는 있습니다. 그런데 그 방법과 장소를 선택할 때 아이를 중심에 놓고 판단해야 합니다. 이때 엄마가 염두에 두어야 할 기본적인 사항이 있습니다. 생후 만 3세까지는 아기의 보호막을 형성하는 일이 무엇보다 중요합니다. 이것은 엄마가 임신 중에 아기를 보호하기 위해 매사에 주의하는 것과 같은 이치입니다. 아기의 감각기관 중에서 시각기관과 청각기관은 어른이 특별히 의식하여 보호해주어야 합니다.

구체적인 예를 들어보겠습니다.


- 대형마트나 백화점과 같은 공간은 아이가 감당하기 힘듭니다. 공간의 크기가 아이를 압도하며, 진열된 수많은 상품과 조명은 눈에 너무 자극적입니다.
- 같은 이유로 대형 사우나 공간도 어린아이에게는 쾌적하지 않습니다.
- 문화센터 강좌에 어린아이를 데리고 가는 일은 고려해보아야 합니다. 음악에 따라 엄마가 아이를 안고 움직이는 경우가 많습니다. 큰 소리의 경쾌한 음악이 엄마에게는 흥겹게 들릴 수 있지만, 아이에게는 커다란 소음입니다. 아이에게 가장 편안한 소리인 엄마의 육성에 비해 기계에서 흘러나오는 음악은 아이의 귀에 굉음으로 들릴 뿐입니다. 더욱이 음악에 따라 빠른 속도로 움직이면 아이는 불안해합니다.
- 카페는 어른들이 모여 담소를 나누는 공간입니다. 고상한 음악이 흐르고 은은한 조명이 비쳐도 아기는 유모차에 누워있거나 엄마 품에 안겨있을 수밖에 없으므로 유익하지 않습니다. 또한 닫힌 공간의 탁한 공기가 아이 호흡에 영향을 미칩니다. 어린아이는 매 순간 세포 분열이 활발하게 일

어나 성장하므로 신선한 바깥 공기를 마셔야 합니다.

외출이 잦은 아이에게 보이는 특징이 있습니다.

- 외출한 날 저녁에 아이가 쉽게 잠이 듭니다. 낮 동안의 감각 자극이 너무 심하여 아기가 지쳤다는 신호입니다.
- 반대로 저녁에 심하게 보채며 잠을 못 이루는 아이도 있습니다. 신경 자극이 지나치게 되었다는 증거입니다. 심한 경우 며칠간 불면 증세를 보이기도 합니다.
- 거리에서 들리는 교통 소음과 마찬가지로 어른을 위한 음악 역시 아이에게는 소음입니다. 소음에 노출되면, 아이의 울음소리가 달라집니다. 말못하는 만 1세 미만 영아에게 울음은 의사소통 수단입니다. 소음에 노출된 경험 때문에 아이는 갑자기 고음의 울음소리를 내거나 평소보다 울음의 강도를 높이게 됩니다.
- 마트, 백화점, 카페, 문화센터 등 폐쇄된 실내 공기로 아이의 면역력이 떨어집니다. 그래서 기침, 감기 증세에 자주 시달립니다.

큰아이를 키울 때는 시부모님과 함께 살고 있어서 마트에 아이를 데려갈 일이 없었고, 봄과 가을에는 산책을 규칙적으로 즐겼습니다. 그 덕분에 아이가 건강하게 자란 것 같아요. 둘째부터는 상황이 달라졌어요. 시댁에서 분가한 뒤라 마트나 백화점에 갈 때 어쩔 수 없이 온 가족이 외출합니다. 여름에는 시원하고 겨울에는 따뜻한 게 좋아 한동안 이런 기회를 즐겼습니다. 그래서인지 딸아이가 여름에도 감기를 달고 살았어요. 냉난방 시설이 아이에게 그렇게 해로운가요?

어린아이는 땀샘 발달이 진행 중이라서 체온을 조절하는 방식이 어른과 다릅니다. 여름에 유치원, 어린이집이나 가정에서 냉방기를 많이 사용하면 땀샘 조절력이 발달하기도 전에 약화합니다. 어른이든 아이든 더울 때는 자연스럽게 땀을 흘려야 건강에 유익합니다.

대형마트에 아이들을 데리고 온 가족이 외출하는 모습은 주말에 흔히 볼 수 있는 풍경입니다. 긴급한 상황이 아니면 엄마나 아빠 한 사람은 가정에서 아이들과 머물고, 한 사람만 장 보러 나오는 것이 좋습니다. 시간도 절약되고 충동구매를 줄일 뿐 아니라, 아이를 보호하는 차원에서 매우 바람직합니다. 감각 자극에 지나치게 노출되면, 현대 아동에게 흔히 나타나는 주의 산만이나 집중력 약화, 공격적인 행동을 보일 수 있습니다.

005
|

# 아기의 명절 증후군
## "나도 쉬고 싶어요"

명절이면 시댁에 4대가 모입니다. 95세 증조모님을 비롯해 아직 미혼인 시동생과 시누이에 사촌 형제까지 약 20명이 됩니다. 대가족 분위기를 만끽하는 기회지요. 이번 추석에 저희 가족은 차례 준비를 거들기 위해 하루 전날 도착했어요. 지난달에도 증조부님 제사 때문에 시고모님 가족까지 25명이 모였습니다. 이렇게 큰 행사에서 저희 아이 셋(만 2.5세 아들, 4개월 된 쌍둥이 두 딸)은 집안의 꽃입니다. 어른들 모두 쌍둥이 딸을 늘 신기하게 쳐다보세요. 그런데 여러 사람에게 귀여움을 듬뿍 받고 귀가하면 쌍둥이가 꼭 밤에 잠투정을 심하게 하고, 낮에는 안아 달라고 자꾸 보챕니다. 큰아이 때도 비슷한 경험을 했는데, 혹시 어린아이에게 외출 증후군 같은 증상이 있을 수 있나요?

엄마가 아이를 아주 잘 관찰한 사례입니다.

우리 사회는 저출산과 초고령화 시대로 접어들어 아기의 희소가치가 엄청 높아졌습니다. 요즘에는 아이가 태어나면 친가, 외가 어디든 집안 경사 중의 경사입니다. 부모를 제외한 '아기용품'의 구매자가 집집마다 평균 약 6~10명이 된다는 통계도 있습니다. 조부모, 외조부모뿐 아니라 미혼인 고모, 삼촌, 외삼촌, 이모 등 아이 사랑을 물질로 표시하는 가족 수만 이렇게 많습니다. 그러니 아이를 직접 보면 더욱 강도 높은 관심을 쏟게 됩니다. 어린아이는 귀여움의 대상으로 어른의 각별한 주목을 받게 마련입니다. 돌이 안 지난 아기를 마주하면 인지상정으로 어루만지고, 얼러주며 안아주고 싶어 합니다.

그런데 말 못하는 어린아이는 이런 상황을 어떻게 느낄까요?

돌 이전의 자연스러운 움직임 발달과 돌봄의 손길을 중요시하는 에미 피클러의 영아보육학에서는 아이를 위한 세심한 배려와 존중을 강조합니다. 귀엽다고 '인형'처럼 일방적으로 아기를 자주 만지는 일은 삼가는 것이 좋습니다. 그 이유는 사람마다 안는 자세와 손놀림이 당연히 다른데 있습니다. 큰고모가 방금 안아주고 이어서 작은고모가 안아주고 조금 지나서 할아버지가 다가와 안아주다가 삼촌에게 넘겨준다면, 아기가 힘들어합니다. 어릴수록 엄마 냄새뿐 아니라 엄마 품을 쉽게 구분하는데, 타인의 손길과 품 안은 아기에게 낯선 자극을 주기 때문입니다.

특히 생후 6개월 미만인 아이를 대할 때, 순간마다 늘 세포분열을 하며 성장하는 아기를 위해 주의할 사항이 몇 가지 있습니다.

첫째, 귀여움의 표시로 누워있는 아기를 안아 주는 행동은 될 수 있으면 피해야 합니다. 누운 자세에서 아기가 자율적으로 움직여야 척추 발달에 유익합니다. 아기 얼굴을 가까이에서 들여다보고 웃어주는 것으로 상호작용은 충분합니다.

둘째, 아이를 안아줄 때, 가능하면 수평을 유지하도록 합니다. 수직으로 안아주면, 척추에 무리를 줄 수 있습니다. 더욱이 시선의 위치에 따라 더 많은 자극을 받을 수 있습니다. 특히 우는 아기를 달래려고 안아줄 때, 서서 흔들어주는 강도에 주의해야 합니다.

셋째, 여러 사람이 동시에 접근하기보다 한 사람씩 시간 간격을 두고 아기에게 다가가도록 합니다. 아기에게는 타인을 마주하는 일 자체가 커다란 자극이므로 잠시 조용하게 쉴 시간이 필요합니다.

넷째, 아기가 있는 주변은 늘 조용해야 합니다. 목소리뿐 아니라 주위에서 들려오는 다양한 소리가 아기를 자극합니다. 사람의 귀는 늘 열려 있는 기관이므로 큰 소리에 노출되지 않도록 세심하게 배려해주어야 합니다.

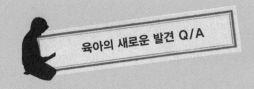

추석 2주 전쯤 교외에 있는 식당을 빌려서 첫딸 돌잔치를 조촐하게
마쳤습니다. 양가의 사촌까지 초대하니 대략 40명이 되었습니다.
외부 손님 없이 가족끼리 오붓하게 식사했습니다.

이벤트는 돌 상차림만 간단히 했지요. 아기가 조금 예민한 편이어서
음악과 마이크 소리를 최대한 낮춰 사용했는데도, 그날 이후 잠투정
이 심하게 늘었습니다. 낮잠 시간에는 무척 작은 소리에도 반응해서
힘드네요. 친정엄마는 돌 지나서 아기가 약아지는 현상이라고 위로
하지만, 이런 외출이 아기의 신경에 무리를 주지 않았는지 걱정됩니
다.

집이 아닌 큰 공간에서 많은 사람 가운데 2~3시간 이상 보낸 것
자체가 생후 1년 된 아기에게는 무리입니다. 이벤트 규모가 크든 작든
특별한 상차림 앞에 앉혀놓으면, 아기가 힘들어합니다. 처음엔 상차림
물건을 신기해할 수 있지만, 시각적으로 한꺼번에 받은 자극은 아기에게
벅찰 수밖에 없습니다.

이렇게 아기가 갑작스럽게 겪은 외부 자극에서 빠르게 회복하는 길은
집안 분위기를 조용하게 유지하는 것입니다. 수면을 도우려면 낮 동안의
생활 리듬을 잘 지켜주세요. 먹이기, 산책하기, 씻기기, 재우기 등 돌보는

활동이 규칙적으로 이루어지면 도움이 됩니다. 또한 낮에 집에서 아기 혼자 편안하게, 가능한 한 많이 움직이도록 해주고, 유모차에 태워 쇼핑 공간으로 외출하는 일은 회복기 동안 되도록 줄이세요.

# 하드록이
# 아이 울음 잡는 비법?
# 아이 잡는 실험!

성인용 예능 프로그램에서 어린아이를 대상으로 실험하는 장면이 텔레
비전에 비칠 때마다 영유아 '인권 침해'라고 외치고 싶은 시청자가 많을
것입니다. KBS〈스펀지〉에서 심하게 우는 아이를 달래는 비법(?) 다섯
가지를 효과가 낮은 순서로 다음과 같이 공개한 적이 있습니다. 이것은
이미 인터넷상에서 '힘든 육아맘'을 위한 묘책으로 떠돌았습니다.


1. 우는 아기의 모습을 동영상으로 찍어서 보여주기(심하게 우는 아이는 화
면을 보지 못하니 효과가 적음)

2. 아기 귓속 만져주기(자주 만지게 되면 예민한 귀의 성장에 문제가 있으니 주
의할 것)

3. 우는 아이를 안고 엄마가 가글하는 소리 들려주기(엄마의 목에 무리가 갈
수 있으니 주의할 것)

4. 아이 곁에 진공청소기 틀어 놓기(효과는 확실한데, 다만 아기가 자랄수록

진정 효과가 감소한다고 함)

5. 심하게 우는 아기에게 '하드록' 음악 틀어주기(아기한테는 엄마 뱃속에서

듣던 소리와 같아서 단번에 울음을 뚝 멈추는 효과가 있다고 함)


상식이 있는 사람이라면, 아이 울음을 달래려고 이런 방법을 시도하는 일 자체가 지극히 비정상이라고 생각할 것입니다. 아무런 과학적 근거 없이, 수단과 방법을 가리지 않고 단지 울음을 그치게 하려는 어른들의 이런 발상과 실험은 의학과 교육학 관점에서 볼 때 참 잔인한 행동입니다. 영유아가 이런 상황을 경험하면 성인기에 신경성 허약 체질이 되는 결과로 이어질 수도 있습니다.

우리 몸의 기관들은 자율신경과 연결되어 아주 예민한 상태입니다. 어릴수록 모든 기관의 기능이 아직 미성숙한 단계이므로 내장기관의 성숙을 위해 부모와 교사가 아이를 둘러싼 양육 환경에 세심한 주의를 기울여야 합니다.

그중에서도 심장과 폐, 즉 혈액순환계와 호흡기관 계통은 아이가 만 12~16세에 이르러서야 성숙이 마무리됩니다. 다시 말하면 어린아이에게 평균치인 1분당 120~140의 심장박동수와 30~60의 호흡수가 성인 평균치에 해당하는 80회의 맥박과 20회의 호흡으로 안정되기까지 약 12년에서 16년의 세월이 걸린다는 뜻입니다. 심폐기능이 건강하게 자리 잡기까지 신생아는 물론이고 영유아에게는 가능하면 시끄러운 소리에 노출되지 않도록 주 양육자가 세심한 주의를 기울여야 합니다.

특히 신생아는 생후 약 1년간 호흡, 심장박동뿐 아니라 수면 리듬이 매우 불규칙해서 초보맘이 양육하는 데 어려움을 느낍니다. 하지만 이때

갓난아이의 생체 리듬이 지구의 순환 리듬에 익숙해지기 때문에 기다림이 필요합니다. 아이의 심장과 폐의 활동은 인위적인 소음이 없는 조용한 분위기에서 자연스럽게 '훈련'되어야 아이가 자신의 리듬을 만들어 나갈 수 있습니다.

이미 20세기 초엽에 인지학을 바탕으로 현대 심신의학의 초석을 놓은 루돌프 슈타이너 박사는 30년간의 연구 결과를 담은 1917년의 저서 《내면의 수수께끼에 관하여 Von Seelenrätseln》에서 청각기관과 신경체계가 직접 연결되고, 호흡과 혈액순환이 사람의 감정과 직접 연결되어 있음을 서술하고 있습니다.

독일의 소아청소년과 의사이자 발도르프 교육학자인 M. 글뢰클러 (Michaela Glöckler) 박사는 《부모 상담 Eltern Sprechstunde》에서 이 부분을 이렇게 설명합니다.

인간의 신체가 가진 힘의 원천은 호흡과 심폐 활동에서 비롯된다는 것입니다. 아이의 주변 환경 중에서도 특히 조화로운 가정 분위기가 호흡과 혈액순환의 건강한 발달을 자극합니다. 나아가 아이에게 보호받는 느낌과 안정감을 느끼게 합니다. 이런 정서는 훗날 성인이 되어 스트레스나 부조화 상황을 만났을 때 잘 극복할 힘을 줍니다. 그러나 어릴 때 겪는 심장박동 또는 호흡과정의 쇼크는 심혈관계통의 성인병을 유발하는 요인이 된다고 강조합니다.

이런 의학·교육학의 배경을 고려할 때, 우는 아이에게 진공청소기가 일으키는 소음이나 성인에게도 시끄러운 하드록, 헤비메탈 음악을 들려주어 울음을 그치게 한다는 발상은 기괴하기 짝이 없습니다. 시끄러운 소리에서 특별히 보호받아야 할 어린아이의 청각기관에 감당하기 어려운 굉음이 들리면 당연히 심장박동이나 호흡이 순간적으로 불규칙해집니다. 이런 특이 현상을 겪으면 아이가 울음을 뚝 멈출 수밖에 없습니다.

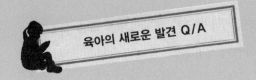

**하드록 음악이 엄마 뱃속에서 듣던 소리와 비슷하여 아기가 울음을 그친다는 주장이 있습니다. 가능한 얘기인가요?**

태아는 엄마 뱃속에서 엄마의 심장박동, 혈액순환과 소화과정에서 나오는 다양한 소리를 듣습니다. 생명을 유지하는 이런 종류의 소리는 부드럽고, 지극히 규칙적인 리듬을 담고 있습니다. 태아가 엄마 뱃속에서 반복해서 들으며 익숙해진 편안한 소리는 급작스럽게 들려오는 강렬한 음과 비트의 하드록과는 질적으로 다릅니다.

만삭의 임부는 일상에서 이런 경험을 해봤을 것입니다. 시끄러운 공사장을 지나거나, 주변에서 갑자기 큰 소리가 들려올 때 배가 갑자기 뺏뺏해진 증상 말입니다. 이것은 태아가 잠시 긴장했다는 신호입니다. 만약에 7개월 된 임부가 나이트클럽에서 하드록을 '즐겁게' 듣는다 해도, 태아는 바짝 긴장합니다. 이 시기에 태아의 청각기관은 이미 예민하게 작동할 수 있기 때문입니다.

007

|

# 많은 놀잇감은
# 집중력을 떨어뜨립니다

직장맘이 없는 시간을 쪼개서 양육에 심혈을 기울이다가 안타깝게도 역효과를 가져오는 일이 종종 일어납니다. 엄마로서 낮 시간을 아이와 함께하지 못하는 아쉬움이나 죄책감, 미안한 마음에서 장난감이나 동화책을 선물하는 사례가 많습니다. 엄마뿐 아니라 친인척도 아이 생일이나 어린이날이면 으레 성별에 따라 인형이나 자동차, 레고 블록 같은 놀잇감을 세트로 선물합니다. 유아기부터 아이에게 방 하나를 독립적으로 주는 집이 많은데, 아이 방에 장난감이 정리가 안 될 정도로 넘쳐납니다.

아이들 놀이 장면을 관찰하다 보면 이런 질문을 던지게 됩니다.

- 아이가 새로 받은 값비싼 장난감을 겨우 며칠 가지고 놀다가 금방 싫증 내는 이유는 무엇일까?
- 장난감이 엄청 많은데도 여섯 살 아이는 왜 집에서 심심하다고 칭얼댈까?

• 아이의 놀이 상황을 풍성하게 해주는 좋은 장난감은 무엇일까? 놀잇감의 재질, 모양과 색을 선택하는 기준은 무엇일까?

현대의 교육학자들은 어린아이가 가지고 노는 대상물의 모든 소재나 형태가 뇌 발달에 직접 영향을 미친다고 주장합니다. 독일의 루돌프 슈타이너 박사는 1907년 베를린의 강연에서 이미 더 구체적으로 이렇게 설명했습니다. 예쁜 얼굴의 인형보다 단순하게 생긴 인형이 아이의 상상력을 촉진하는 데 도움이 된다고 말입니다. 인형 얼굴이 이목구비 없이 밋밋하면 아이는 자신의 판타지 속에서 눈, 코, 입을 채워 넣으며 놀이에 몰두합니다. 이처럼 어린 시절에 판타지와 상상력을 자주 발휘하면, 이것이 뇌 발달의 토대를 이루어 훗날 성인이 되어 창조적인 상상의 힘을 발휘할 수 있다고 합니다.[4]

아이가 정교한 형태의 장난감을 가지고 놀면 정해진 하나의 놀이밖에 할 수 없습니다. 이를테면 생일선물로 받은 값비싼 소방차는 높은 사다리와 경적을 울리는 장치까지 있습니다. 만 4~5세 아이는 이 소방차를 가지고 당연히 소방서 놀이를 하게 됩니다. 몇 번 가지고 놀다 보면 처음의 호기심은 사라지고 소방차가 아이에게 더는 매력적으로 보이지 않습니다. 또는 아빠가 사준 경찰차를 가지고 아이는 며칠간 재미있게 놉니다. 그러나 금세 경찰 놀이가 지루해집니다.

이에 비해 장난감의 모양이 세밀하지 않고 구조가 단순하면, 아이는 놀이 가운데 상상력으로 그것을 다양하게 변화시킬 수 있습니다. 예를 들어 나무로 만든 바퀴 달린 간단한 모양의 차는 아이의 놀이 상황과 판타지에 따라 어느 날은 구급차가 될 수 있고, 또 어느 날은 소방차나 경찰차로 변할 수 있습니다. 이때 구급차의 벨이나 소방차의 사다리 등 부족한 부분은 아이가 상상력으로 채워나가며 놀이에 집중합니다.

집이나 영유아 보육 현장에 장난감의 수와 종류가 많을수록 아이는 한 가지에 집중하지 못하고 피상적으로 놀며 산만해지기 쉽습니다. 눈앞에 여러 가지 장난감이 잔뜩 놓여있기 때문에 아이는 놀이 상황을 자꾸 바꿉니다. 한 가지 놀이에 깊이 들어가지 못하고, 금세 지루해합니다. 또한 어떤 놀이를 해야 재미있는지 몰라서 놀이를 선택하는 데도 망설이게 됩니다. 이것은 단순한 이치입니다. 어른도 지나치게 많은 물건이 진열된 대형마트에 가면, 원하는 물건을 찾기도 어렵고 무언가를 선택하는 데 시간이 걸립니다. 하물며 아이는 어른보다 결정을 내리는 내적 힘이 약하기 때문에 놀면서 과민해지고 짜증 낼 수 있습니다.

유아용 장난감은 모양이 단순할수록 좋고, 놀잇감이 적을수록 좋습니다! 소라, 조개껍데기, 나무토막, 솔방울, 복숭아씨 등 주변에 있는 자연물을 놀잇감으로 활용하면 바람직합니다. 자연물의 질감은 다양할 뿐 아니라 하나의 형태로 고정된 장난감이 아니므로, 아이가 놀이 과정에서 자유자재로 상상력을 펼칠 수 있습니다.

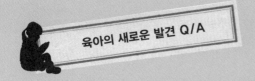

**큰아들은 지금 열두 살이고, 작은아이는 일곱 살(만 5세)입니다. 큰 아이가 어려서부터 블록 놀이를 좋아해서 집에 레고 블록 세트가 많아요. 그런데 작은아이가 레고를 갖고 놀 때면 짜증을 많이 냅니다. 작은아이에게 레고 블록은 적절한 놀잇감이 아닌가요?**

덴마크에서 시작된 80년 역사의 레고 블록은 세계적인 장난감으로 굳건한 자리를 차지하고 있습니다. 레고는 부모님들에게 창의성을 높이는 놀잇감으로 알려져 있는데, 취학 전 유아에게는 적절하지 않습니다. 광고 문구와는 다르게 창의적인 놀이를 자유롭게 할 수 없습니다. 규격화된 조각을 기계적으로 쌓는 놀이일 뿐입니다. 틀에 박힌 모형을 만드는 과정에서 만 5세 유아는 판타지를 발휘할 기회가 없으며, 더욱이 주변에 놓인 원색의 수많은 레고 조각은 아이를 짜증 나게 할 수도 있습니다.

만 10세 정도가 되면 이런 것이 문제가 되지 않는 시기이므로 레고 조각을 가지고 커다란 구조물을 만들며 즐길 수 있습니다.

# oo8

|

# 의지 발달을 가로막는
# 운동 보조기구

지연이는 5개월부터 쏘서를 즐겨 탔고, 8개월이 된 요즘은 보행기에 앉혀 좋으면 너무 잘 놀아요. 저녁 준비할 때 주방에서 혼자 놀면서 가끔 환호성을 내기도 합니다. 엄마가 바쁠 때 보행기는 정말 편리한 기구입니다.

초보맘은 아이의 신체 발달을 위해 첫돌 전에 다양한 기구를 구입합니다. 바운서부터 시작해서 유아용 운동기구인 쏘서, 점퍼루, 보행기, 걸음마 보조기, 놀이매트 등 단계별로 세심하게 준비해줍니다. 또는 집안에 소위 '아기 체육관'을 마련하여 대근육 발달을 위해 최선을 다합니다. 아이를 위해 이렇게 노력하지만 과연 운동 보조기구가 성장하는 아이에게 긍정적으로 작용할까요? 아이가 겉으로는 이런 기구를 좋아하는 것 같지만, 내적 발달에 부정적인 결과를 가져오기 쉽습니다.

구체적인 예를 살펴봅시다. 아이는 7~8개월이 되면 스스로 앉을 수 있습니다. 주변에 흥미로운 물건이 있으면, 배를 깔고 기는 동작으로 재

빠르게 그것을 향해 돌진합니다. 아이는 두 발로 서기 전까지 기어 다니면서 주변 환경을 향한 자신의 호기심을 채웁니다. 아이가 무언가를 보고 호기심이 발동하여 그것을 향해 기어갈 때, 어른이 그 상황을 알아차리고 대상물을 가져다주는 일을 삼가야 하는 이유입니다. 호기심이 생긴 대상을 잡으려고 애써 기어가는 동안 의지력이 길러지기 때문입니다. 그런데 이 시기에 보행기를 태우면 어떤 일이 벌어질까요? 아이가 보행기에 앉아 발끝을 살짝 움직이면, 바퀴가 달린 보행기는 쉽게 굴러갑니다. 보행기는 자신이 원하는 방향과 관계없이 이동합니다. 아이가 바닥에 엎드려 스스로 정한 목표물을 향해 도달하는 활동과 질적으로 전혀 다른 움직임이 일어납니다.

그러다가 아이가 9~10개월이 되면 무엇인가를 붙잡고 서기를 시도합니다. 이때 아이는 지구의 중력을 이기고 몸의 균형을 맞추어 두 발로 몸을 지탱하며 홀로 서기에 성공합니다. 단번에 홀로 서는 데 성공하는 일은 어떤 아이에게도 일어나지 않습니다. 어느 것에도 기대지 않고 제 힘으로 땅에 스스로 서기까지 어린아이는 시행착오를 수없이 거칩니다. 그 과정에서 아이는 내면의 의지를 만들어갑니다. 이 시기에 보행기에 자주 앉혀 놓으면 아기의 자율적인 움직임과 서기 연습이 현저히 줄어듭니다.

아이마다 차이가 있지만, 대부분 11~13개월 사이에 첫걸음을 시도하며 걷기를 시작합니다. 무엇을 붙잡지 않고 발걸음을 떼는 동작 역시 단번에 이루어지지 않습니다. 넘어지고 일어나고, 또 넘어지고 다시 일어나기를 반복하다가 어느 순간 아이가 균형을 잡고 안정감 있게 설 수 있습니다. 이때 아이의 양손은 자유로워집니다. 다시 말해 자신이 원하는 대상이 있는 곳까지 혼자 걸어가서 그것을 손으로 잡을 수 있게 됩니다. 아이가 세상을 향해 밖으로 나아가는, 새로운 발달의 시기를 맞이한 것입니다. 어느 날 아이는 이런 시도도 해봅니다. 혼자 일어나 잠시 서 있다가 방안을 한 바퀴 돌고 나서 스스로 신기해합니다. 의지 발달과 함께 아이가 자신의 존재감과 성취감을 느끼는 순간입니다.

이렇게 '기기-서기-걷기'의 움직임을 자연스럽게 연습하는 발달 과정에서 아이의 의지력이 자라납니다. 여러 가지 보조기구를 사용하면 넘어지는 '실패'는 줄일 수 있지만, 다시 도전하는 의지를 발휘할 '기회'가 줄어듭니다.

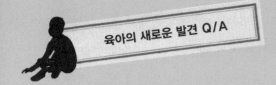

7개월 된 손자가 우량아라서 안을 때 힘들어하시던 시부모님께서 마침내 보행기를 선물해주셨습니다. 앞부분에 장난감이 많이 달려 있고 바퀴도 튼튼한 제품입니다. 아이의 키가 평균치보다 커서 다리가 방바닥에 잘 닿기 때문에 보행기에 앉혀 놓으면, 아주 신나게 놉니다. 제가 집안일을 할 때 1시간 정도 태우는데, 척추 발달에 안 좋다고 하니 은근히 걱정됩니다.

어린아이의 척추는 부드러운 상태이므로 수직으로 세우면 좋지 않습니다. 바로 누워 있거나 엎드려 있는 자세가 척추 모양을 잡아가는 데 도움이 됩니다. 아이가 뒤집기, 배밀이를 하는 시기에 등뼈를 비롯하여 온몸의 근육, 인대 그리고 신경세포의 섬유질 등 전신이 골고루 발달합니다. 특히 기는 동작을 열심히 해야 대근육 발달이 잘 이루어집니다. 이를 바탕으로 아이는 서기를 준비합니다. 하지만 보행기를 자꾸 태우면 아이가 발달할 시간과 기회가 자연히 줄어듭니다. 서기에서 걷기 단계로 나아갈 때, 아이는 미세한 균형을 맞추기 위해 무수한 반복을 시도하며 스스로 움직임을 터득합니다. 동작을 인위적으로 뒷받침하고 유도하는 운동 보조기구는 아이 발달에 도움을 주지 않습니다.

# oo9

|

# 작은 어린이집의
# 귀한 선물

일곱 살짜리 큰딸아이가 요즈음 눈에 띄게 의젓해진 느낌입니다. 작년만 해도 연년생 동생과 엉켜서 싸우고 말썽을 자주 부렸습니다. 제가 쉬는 날은 참다가 폭발하는 일이 이따금 있었지요. 그런 날은 직장맘인 제 자신을 돌아보고 반성도 했습니다. 그런데 최근 진아가 하원하는 길에 어린이집 원장님과 담당 선생님께서 아이의 공동생활 태도가 좋다고 칭찬을 많이 해주셔서 기분이 참 좋습니다.

이러한 바람직한 변화는 부모라면 누구나 원하는 바이지만, 자녀가 성장하는 과정은 마음대로, 뜻대로 되지 않습니다. 그렇다면 일곱 살짜리 진아의 내면에는 과연 무슨 일이 일어났을까요? 내년이면 학교에 들어갈 나이가 되어 저절로 성숙해진 걸까요? 이런 성숙을 위한 양육 조건은 따로 있을까요?

진아를 둘러싼 여건은 겉으로 보기에 '평범'합니다. 전업주부였던 엄마는 진아가 세 돌이 채 안 되었을 때 집안 형편 때문에 연년생 남매를 두고 직장맘이 될 수밖에 없었습니다. 진아는 민간 어린이집의 종일반을 다니게 되었고, 동생은 너무 어려서 외할머니가 육아를 맡아 주었습니다. 진아는 지금 햇수로 4년째 같은 어린이집을 다닙니다. 이 어린이집의 규모는 대규모 사립 유치원과 비교하면 아담합니다. 전체 정원은 45명입니다. 운영자인 원장의 교육철학에 따른 몇 가지 외적 특성을 가진 곳입니다. 이것 때문에 엄마들이 처음에는 이 어린이집을 선호합니다. 그러나 만 5세가 되면 취학 준비를 위해 인근 유치원으로 아이를 이동시키는 경우도 종종 있습니다. 이곳의 특성을 살펴보겠습니다.

첫째, 영아 5명을 제외한 유아반 구성이 단일연령이 아니라 혼합연령으로 되어있습니다. 5세반, 6세반, 7세반으로 구분하지 않고 5~7세를 섞어 두 그룹으로 나누어 생활합니다.

둘째, 문자교육이나 학습지 같은 지적 조기학습을 전혀 시키지 않으며, 오후에도 특기활동 같은 교육에 비중을 두지 않습니다. 일주일의 리듬에 따라 일과는 요일마다 같고, 재롱잔치나 현장견학은 거의 없습니다. 아이들은 그저 집에서 생활하듯이 편하게 지냅니다.

셋째, 우유, 달걀, 쌀 등 식자재를 가능하면 유기농으로 제공합니다.

진아가 내적으로 성숙해진 이유는 슈타이너 교육론으로 보면 이렇게 해석할 수 있습니다. 아이는 만 5세 정도가 되면 대부분 젖니 갈이를 시작합니다. 말 그대로 젖 먹던 어린 티를 벗고 서서히 아동의 체격으로 변형되어 기운이 넘치고 의욕적입니다. 또한 보통 6~7세 시기에 이르러 사회성 발달을 보이며 다른 아이들과 잘 어울려 놀게 됩니다.

특히 놀이를 관찰하면, 이 시기에 새로운 성숙 단계에 들어가는 모습이 보입니다. 그동안은 상상력과 판타지를 발휘하여 순간적이고 즉흥적인 놀이를 했다면, 만 5~6세 유아는 놀이를 구상하며 계획하여 활동하는 작업의 요소를 보여줍니다. 그뿐 아니라 이 시기 유아는 자신만의 과제를 기꺼이 수행하고 싶어 하며, 선생님의 일을 곧잘 거들고 심부름하길 좋아합니다.

진아는 유아기의 이런 발달 요소를 이 어린이집에서 자연스럽게 충분히 겪은 경우입니다. 영아 때부터 4년간 같은 어린이집에 다니면서 생활공간뿐 아니라 일과의 진행 과정에 익숙해진 것이 큰 도움이 되었습니다. 어린이집 생활 전체를 이미 잘 이해하고 있는 진아는 무엇보다 혼합연령으로 구성된 반 덕분에 많은 것을 체험으로 터득한 셈입니다. 더욱이 자신보다 어린 만 3~4세 아이들을 돌봐주는 경험이 성숙하고 의젓해질 기회를 가져왔습니다. 한 자녀 또는 두 자녀를 둔 가정에서 실천하기 어려운 교육을 혼합연령의 어린이집 현장에서 잘 채워나갈 수 있습니다.

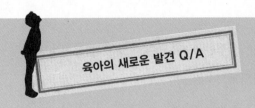

**아이 발달에서 혼합연령의 장점이 정말 많다면, 왜 대부분의 유치원과 규모가 큰 어린이집이 구태여 단일연령으로 운영하고 있나요?**

아주 좋은 질문입니다. 현재 선진국의 유아교육 현장에 단일연령의 구성은 거의 찾아볼 수 없습니다. 혼합연령은 세계적인 흐름으로, 한국에서도 발도르프 유아교육뿐 아니라 공동육아, 생태유아교육 등 여러 현장에서 혼합연령의 장점을 적용하려고 노력합니다. 그런데도 단일연령을 혼합연령 구조로 바꾸기 힘든 이유는 다음과 같이 요약할 수 있습니다.

첫째, 대부분의 학부모님이 자녀가 6~7세인 경우에 4~5세 아이들과 어울려 놀면 배울 것이 없다고 좋아하지 않습니다. 반대로 4~5세 어린 자녀의 부모는 큰 아이들 틈에서 자기 자녀가 치일까봐 우려합니다. 또래 집단에서 아이가 더 잘 놀 것이라는 고정관념이 문제입니다.

둘째, 유치원의 경우 교육부에서 내려오는 7차 교육과정이 연령별로 짜여 있어서 근본적으로 혼합연령 구성이 어렵습니다. 이와 다르게 그동안 간간이 혼합연령을 시도해온 어린이집에서도 누리과정 때문에 매일 몇 시간씩 단일연령으로만 묶어서 수업하고 있습니다.

셋째, 더 커다란 내적 이유는 유아교육 현장에서 대한민국 학부모 대다수가 원하는 연령별 특기교육이나 지적 교육을 하려면 그 수준별 내용 때문에 또래끼리, 즉 단일연령으로 반을 구성해야 합니다.

다자녀 가정을 이루기가 거의 불가능한 현실에서 아이 발달을 위해 혼합연령의 장점을 최대한 살리는 작업은 중요합니다. 현재 큰 걸림돌은 관계부처의 고정된 지침이지만, 깨어있는 학부모와 운영자가 현실과 타협하기보다 자신의 철저한 교육관을 가지고 운영의 묘를 살리는 곳에서 아이가 더 잘 클 수 있습니다.

# 3장

상상력과
언어 발달을 위한 조언

"겨우 세 돌 반 지난 꼬마 녀석이 스마트폰을 아주 능숙하게 다룹니다. 함께 살고 계신 외할머니 것과 아빠 것, 제 것이 서로 다른 모델인데, 틈만 나면 스마트폰을 켜서 가지고 놀아요. 아빠의 태블릿PC를 제 장난감으로 생각하는지 아빠가 퇴근하면 으레 가지고 놀겠다고 떼를 씁니다. 그래서 저와 남편은 아동용 동화 프로그램을 깔아주었습니다. 어느 때는 좋아하는 동화를 혼자 찾아내서 열심히 보거나 좋아하는 게임도 찾아내서 즐기고 있어요. 어린아이가 신종 기기를 이렇게 빨리 익히고 푹 빠져 노는 모습이 신기하기도 하지만, 미디어에 너무 일찍 노출된 게 아닌지 살짝 걱정도 됩니다.

요즘 잠도 잘 안 자고 낮에는 부쩍 칭얼대는데 혹시 스마트폰을 갖고 노는 게 영향을 주었는지 엄마로서 여러 가지 생각이 드네요."

OOI

|

# 동화,
# 제대로 들려주고
# 있나요?

아이에게 옛날이야기나 동화를 들려주면 교육에 좋다는 사실은 누구나
잘 알고 있으며, 많은 가정에서 부모님이 아이에게 이야기를 들려줍니
다. 그런데 디지털 미디어 시대에 사는 우리가 과연 동화를 바르게 들려
주고 있는지 되짚어볼 필요가 있습니다.

　사람들은 물질의 풍요를 현대 사회의 중요한 특징으로 꼽습니다. 이
런 현상은 자녀교육에서도 확연히 드러납니다. 우리 주변을 보면 어린
자녀를 위해 유아용 도서를 잔뜩 갖춰놓은 가정이 많습니다. 특히 젊은
부모는 화려한 그림으로 꾸며진 동화책을 선호하고, 심지어 성우가 녹음
한 구연동화 CD를 들려주거나 플래시 동화 같은 멀티미디어 영상을 보
여주기도 합니다.

　아이에게 동화가 어떤 의미인지 생각하면 화려한 동화전집, 멀티미디
어로 구현된 동화 형태가 아이에게 적합하지 않다는 사실을 알 수 있습
니다. 어린 시절에 동화가 왜 필요한지, 동화를 어떻게 들려주어야 하는

지 부모가 정확하게 알고 제대로 들려주어야 교육 효과를 높일 수 있습니다.

사람에게 생리적 배고픔이 있듯이 내면에는 이미지, 즉 상(像)에 대한 기본 욕구가 있습니다. 고대 벽화나 동굴 암벽에 새긴 그림에서 인류의 이런 근원적 욕구를 확인할 수 있습니다. 그래서 사람은 누구나 그림으로 된 이야기, 만화를 좋아하는 것입니다. 아이나 어른이나 텔레비전에 쉽게 빠져드는 것 역시 상을 좋아하기 때문입니다.

아이가 그림을 보고 기쁨을 느끼는 것은 생리적, 본능적인 반응으로 이해할 부분입니다. 아이에게 동화를 들려주면 쉽게 상을 떠올리는 것도 같은 이치입니다. 즉, 이야기를 들으며 임금님, 금송아지, 마녀, 제비 등 등장인물과 함께 줄거리가 상상의 힘을 통해 아이 머릿속에서 이미지로 바뀌어 변화무쌍한 그림이 만들어지고 그로 인해 즐거움을 느끼게 됩니다. 어린 시절에 이처럼 상상력이 확장되는 두뇌 활동을 충분히 경험하면, 창의적 상상력과 판타지 능력이 만들어집니다. 이것이 훗날 성인이 되어 창조의 힘을 발휘하는 저력입니다.

그러나 아이가 똑같은 동화를 텔레비전이나 컴퓨터, 스마트폰 등 멀티미디어로 보면 뇌 활동이 전혀 다르게 일어납니다. 이야기 줄거리에 따라 화면에 나오는 동물이나 인물, 장면은 이미 만들어진 그림이므로 상상의 힘이 전혀 작용하지 않습니다. 왕자, 거지, 마법사, 토끼 등 이미 누군가 그려준 인물과 장면이 빠르게 눈에 비치는 대로 아이는 그 화면만 쳐다볼 뿐입니다. 아이 머릿속에 수많은 그림이 들어오므로 그것을 수동적으로 수용하는 데 그칩니다. 곧, 멀티미디어 동화를 보면 아이의 상상력과 판타지의 힘이 쉬고 있기 때문에 뇌 활동이 정지됩니다.

게다가 동화를 화면으로 보면, 그 영상이 그대로 뇌리에 박힙니다. 어른이 어떤 소설을 영화로 먼저 본 다음에 글로 읽으면 영화 장면이 떠올라 상상의 힘을 발휘하여 음미할 수 없는 것과 마찬가지입니다.

아이에게 옛이야기나 동화를 가장 잘 전해주는 방법은 이야기를 직접 말해주거나 읽어주는 것입니다. 그렇다면 어떻게 해야 이야기를 어색하지 않게 상상력을 자극하며 제대로 들려줄 수 있을까요?

보통은 동화구연을 할 때 재미있고 생동감 있게 극화해야 효과적이라고 생각하기 쉽습니다. 등장인물의 목소리를 흉내 내고 대사를 연기하듯 감정을 담아 극적인 장면을 묘사합니다. 그런데 이 방법은 아이가 이야기를 들으며 머릿속에 스스로 이미지를 만드는 데 방해됩니다. 활발하게 상상할 수 있도록 오히려 시냇물이 졸졸 흐르듯이 조용하게, 어떤 극적인 연출 없이 들려주는 게 더 효과적입니다. 차분한 분위기가 아이의 집중력을 높이고, 단조로운 낭송이 아이의 판타지를 더 적절하게 자극한다는 사실을 꼭 기억하시기 바랍니다.

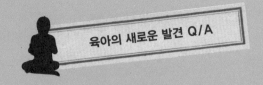

**네 돌 지난 아들과 첫돌 지난 딸아이를 키우는 전업주부입니다. 집에 그림책과 동화책이 꽤 많습니다. 첫째가 세 살 때 이런 환경을 꾸미느라 경제적으로 부담되었지만 아이를 위해 일을 저질렀습니다. 그런데 큰아이가 책을 별로 좋아하지 않아요. 아이의 성향으로 보아야 하나요?**

부모의 지나친 교육열을 이용하여 초보 엄마를 유혹하는 상술이 많습니다. 그중에서도 아동도서 홍보문구에 엄마들의 마음이 쉽게 흔들립니다. 영유아기에 책을 많이 접하게 해주면, 취학해서 독서하는 습관이 자연스럽게 만들어지고, 청소년기에도 책을 좋아하게 된다는 상업적인 주장이 과연 타당할까요?

취학 전의 아이가 책을 좋아하는 것은 별로 아이답지 않은 모습입니다. 유아기에는 몸을 많이 움직이는 신체활동이 아이에게 훨씬 바람직합니다. 거실에 책을 잔뜩 꽂아 일찍 도서관 분위기를 만들어 준다고 해서 자녀의 독서 습관이 형성되지는 않습니다. 평소 부모가 책을 좋아하면 아동기, 청소년기에 자연스럽게 책 읽기에 관심을 갖게 됩니다.

만 3세 미만 영아에게는 두꺼운 종이로 된, 글 없는 그림책 몇 권이면 충분합니다. 어린아이에게 독서는 무의미하므로 책은 놀잇감의 일부일 뿐입니다. 호기심의 대상물로 책을 넘기며 노는 데 활용되면 족합니다. 이때 소근육이 자극되어 뇌 발달에 도움이 됩니다. 그 이후 유아에게는 취학 전까지 그림이 많고 화려하여 값비싼 동화책보다 단순한 책을 주는 것이 좋습니다. 상상력을 더욱 촉진하려면 어른이 책 없이 자연스레 이야기를 해주거나 책을 보며 자신의 감정은 빼고 읽어주세요. 가정에서 유아용 도서를 세트로 비치하는 것은 말 그대로 전시용일 뿐입니다.

# 화려한 동화책이
# 상상력을 방해합니다

출판계에서 이미 거대한 시장을 형성한 어린이 도서 중에서도 영유아용 동화책은 상당한 비중을 차지하고 있습니다. 아이의 판타지를 촉진하기 위해 동화는 필수라고 전략적으로 강조합니다. 교육학자, 시부모, 선배 부모, 심지어 이웃집 엄마가 연령에 따라 추천하는 권장 도서도 다양합니다.

상상력 발달을 위해 실제로 언제부터, 얼마나 많은 동화를 들려주어야 좋은지, 그림이 많은 동화책은 가격이 만만치 않은데 어린 자녀에게 꼭 필요한지 부모 관점에서 꼼꼼하게 따져보아야 합니다.

먼저 그림이 많고 화려한 동화책은 아이가 창의적인 상상력을 발휘하는 데 오히려 방해됩니다. 아이가 눈으로 그림책을 보기보다 어른이 자연스럽게 들려주거나 읽어주는 이야기를 집중하여 귀로 듣는 게 훨씬 효과적입니다. 스토리를 들으면서 배경과 등장인물, 소품 등을 스스로 이미지화하면서 고유한 상을 그릴 수 있기 때문입니다. 이때 아이는 동화책 속에 인쇄된 그림과 전혀 다른, 자신만의 독창적인 그림을 떠올릴 수 있습니다. 같은 동화를 여러 번 들어도 아이는 머릿속에서 매번 다른 상(像)을 만듭니다.

이런 두뇌활동은 만 3세, 우리 나이로 네다섯 살 이후에나 가능합니다. 전래동화가 좋다고 해서 겨우 두 돌 지난 영아, 세 살짜리 아이에게 줄거리가 있는 옛이야기를 들려주면 아무런 효과가 없습니다. 이 시기에는 차라리 리듬감 있게 반복되는 표현이 들어있는 짧은 이야기가 적당합니다. 어린아이는 이야기 내용보다 엄마가 직접 들려주는 말소리의 울림 자체를 즐기기 때문입니다.

아이는 서너 돌이 지나서야 비로소 남의 말에 귀 기울여 들으며 집중하는 능력이 생깁니다. 이야기 줄거리를 들으며 그 안에 푹 빠져서 머릿속에 상상의 그림을 그릴 수 있습니다. 아이는 머리에 떠오르는 그림, 즉 상을 매우 좋아하고 즐기므로 흔히 '한 번 더' 반복해서 이야기를 들려달라고 합니다. 집에서 이런 기회를 잘 포착하세요. 아이의 상상력이 증폭되는 순간입니다. 그런 이야기는 훗날 아이 마음에 자양분이 됩니다.


엄마, 아빠가 시간적 여유가 없다고 해서 간혹 CD 플레이어로 동화를 들려주기도 하는데, 여기에는 화자와 청자 간의 관계 맺기가 빠졌기 때문에 그 효과가 질적으로 전혀 다릅니다. 아이는 어른이 관심을 가지고 자신에게 이야기를 들려주는 분위기를 좋아하며, 그때 편안한 상태에서 상상의 날개를 펼칠 수 있습니다.

하루에 여러 편의 동화를 들려주거나 매일 다른 동화를 들려주려고 시도하지 마세요. 이것은 어른의 욕심일 뿐입니다. 1994년 유네스코 세계교육장관회의에서 '21세기 창의 교육의 모델'로 선정한 발도르프 교육의 유아 현장에서는 동화 들려주기를 조금 다르게 실천합니다. 매일 같은 동화를 반복하여 3~4주가량 들려주는데, 아이들이 무척 좋아합니다. 자신이 잘 아는 줄거리를 머릿속으로 쉽게 따라갈 수 있어서 아이가 안정감을 얻습니다. 그리고 이야기의 전개를 이미 알고 있으니 특별히 긴장하지 않고 상상력을 풍부하게 발휘할 수 있습니다.

잠자리 동화를 들려줄 때도 마찬가지입니다. 아이가 원하는 대로 여러 편 들려주는 것은 독이 됩니다. 이야기를 들으며 머릿속에 상상으로 그려낸 그림이 너무 많이 지나가면 숙면을 취하는 데 방해되기 때문입니다. 새로운 이야기보다 아이가 이미 잘 아는 동화 또는 좋아하는 이야기를 정해놓고 들려주면 상상의 세계로 쉽게 빠져들어 편안하게 잠들 것입니다.

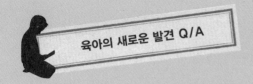
육아의 새로운 발견 Q/A

아들이 지난달에 세 번째 생일을 맞이했습니다. 요즘 하루에도 몇 번씩 이야기를 해달라고 졸라댑니다. 아예 자기가 주제를 정해서 이야기를 들려달라고 해요. 예를 들어 박쥐와 개가 나오는 얘기나 기차와 비행기 얘기를 해달라고 합니다. 매일 이야기를 꾸미기도 쉽지 않네요. 첫돌 지난 딸아이 때문에 정신없이 바쁠 때는 정말 마음에 여유가 없어요. 아이가 원하는 대로 해주어야 할까요?

아이 발달에 딱 맞는 현상입니다. 일반 교육학에서는 만 3~5세 시기를 '판타지의 연령'이라고 표현합니다. 두뇌가 발달하는 과정에서 아들은 상상력이 왕성한 시기로 접어든 것입니다. 엄마의 판타지를 발휘하여 일상과 관련된 단순한 이야기를 들려주세요. 매일 다른 스토리를 꾸밀 필요는 없습니다. 아이는 같은 이야기를 들려주어도 매일 다르게 상상하며 엄마의 이야기에 몰두할 것입니다.

한 가지 덧붙이자면 아이를 잘 관찰하세요. 아들이 자기에게 관심을 보여 달라는 표현으로 이야기를 자주 들려달라고 조를 수도 있습니다. 낮에 동생이 잠들어 있을 때, 오붓한 분위기에서 엄마가 자진해서 이야기를 들려주면 조르는 횟수가 점점 줄어들 것입니다.

발도르프 육아예술

두 딸(우리 나이 4세, 6세)의 엄마입니다. 제 건강 때문에 친정어머니께서 저희 집에 오셔서 육아를 도와주십니다. 근데 요즘 큰아이가 할머니께 툭하면 짜증 내는 모습을 목격하여 마음이 편치 않습니다. 작은아이와 다르게 큰딸은 늘 같은 동화책을 읽어달라고 해요. 특히 할머니께서 들려주시는 이야기를 잘 듣다가도 말이 틀렸다고 화를 낼 때가 있습니다. 이야기를 들으면서 왜 짜증을 낼까요?

큰딸이 이야기 듣기를 상당히 즐긴다는 표시입니다. 아이가 짜증 낼 때 할머니께서 들려주시는 이야기를 한번 유심히 들어보세요. 평소에 듣던 것과 조금이라도 다른 말을 사용하면, 아이는 금방 알아챕니다. 같은 동화를 즐겨 들었다면 아마 이야기를 거의 외우다시피 해서 동화책에 쓰인 표현이 머릿속에 정확하게 저장되었을 것입니다. 이야기에 흠뻑 빠져 듣다가 할머니께서 실수로 좀 다르게 읽으시면 그 순간 언어 변화를 머릿속에서 확인하고 체크하느라 민감하게 반응할 수 있습니다. 이것은 아이가 이야기 듣는 데 몰두한다는 증거입니다. 동화를 들으면서 상상력이 발휘되고 언어 학습이 저절로 일어나는 과정이니 기뻐하세요. 할머님께도 이런 사연을 잘 설명해드리고 되도록 정확하게 들려달라고 부탁드리면 분명 더 좋아하실 것입니다.

## OO3

|

# 전래동화는
# 내면의 '보석상자'

아동심리학자 브루노 베텔하임(Bruno Bettelheim, 1903~1990)은 40년 전에
《옛이야기의 매력 The Uses of Enchantment》이라는 책을 펴냈습니다.
이 책은 1970년대 중반 독일에서도 인구에 회자되었습니다. 내용이 읽
을 가치가 있었을 뿐 아니라 부모와 교육자가 옛이야기를 올바르게 이
해하고, 이것이 아이에게 미치는 효과를 관찰하여 전래동화를 새롭게 인
식할 것을 강조했기 때문입니다. 그 영향으로 80년대 이후 전래동화의
교육적 의미가 세계적으로 새롭게 인정받는 한편 성인과 아동을 위한
창작동화 역시 주목받게 되었습니다.

　'동화'의 사전적 뜻풀이는 "어린이를 위하여 동심을 바탕으로 지은 이
야기"입니다. 하지만 옛날 옛적부터 전해 내려오는 이야기가 지금처럼
어른이 아이를 위해 들려준 것일까요? 동서양을 막론하고 유사한 전개
를 보이는 전래동화가 많은데, 단순히 우연의 일치일까요?

　이를테면 한국의 〈콩쥐 팥쥐〉와 독일의 〈재투성이 아가씨 Aschenputtel)의 줄거리는 거의 유사합니다. 전래동화가 과연 그 옛날 각 문화권에서 아이들에게 들려주던 이야기인지, 작자 미상이라고 해도 본래 누가, 언제 지어냈는지 궁금하기도 합니다.

슈타이너의 인지학적 관점에서는 동화를 해석할 때 인류사의 기나긴 변천 과정에서 변함없이 구전된 배경을 중시합니다. 즉, 옛이야기는 본래 성인을 위한 것으로 인간이 지녀야 할 도리, 보편적 도덕·윤리적 가치가 줄거리 안에 녹아있습니다. 또한 등장인물이 위기와 고비를 지혜롭게 극복하는 이야기를 들으며 내면의 힘이 강해진다고 봅니다.

세계의 전래동화에는 공통점이 많습니다. 대부분 줄거리가 단순합니다. 기승전결이 잘 드러나는 이야기 구조에 권선징악의 주제를 담고 있습니다. 등장인물은 선한 사람과 악한 사람으로 분명하게 나뉘고, 대부분 착한 사람이 어떤 시련이나 위기를 만납니다. 그리고 여러 어려움을 뚫고 나가서 결국 복을 받고 좋게 끝납니다. 마법에 걸렸다면 다양한 시련을 극복하면서 마법에서 풀려나거나 당나귀, 개구리, 구렁이 등 동물에서 본래 사람의 모습을 되찾고 행복한 삶을 살게 된다는 이야기입니다.

옛이야기의 내용 전개는 이처럼 단순명료하지만 아이의 마음을 매우 강하게 움직입니다. 옛이야기가 아이 내면에 어떻게 작용할까요? 만 3~6세 유아와 초등학교 1학년 아동은 여전히 상상 속에 빠져들어 등장인물과 쉽게 공감할 수 있습니다. 주인공이 처한 어렵고 위험한 상황에 일체감을 느끼며 혼란과 시련을 애써 뚫고 나가는 과정을 내적으로 함께 겪습니다. 주인공은 아무리 험난한 위기가 닥쳐와도, 무진 애를 쓰면서 결국 위기를 헤쳐 나갑니다. 그래서 착한 주인공이 큰 복을 받고 나쁜 사람은 벌을 받게 되면 아이는 즐거워합니다. 전래동화는 대부분 도덕적인 이야기이기 때문에 아이 스스로 착한 것에 공감하고 악한 것에 반감, 비호감을 느끼는 자세가 자연스럽게 발전될 수 있습니다.

물론 실제 우리의 삶은 전래동화처럼 단순하게 펼쳐지지 않습니다. 아이는 성장하면서 점점 많은 체험을 하며 그 사실을 깨달을 것입니다. 하지만 아이가 옛이야기의 주인공과 함께 힘겨운 과정을 내적으로 체험한 경우, 더 안전하게 삶의 문제를 처리해낼 힘을 얻습니다. 이런 의미로 전래동화의 다양한 이미지는 훗날 어려움을 헤쳐 나갈 힘을 담은 내면의 보석상자입니다. 삶에서 크고 작은 어려움이 닥칠 때, 아득한 기억 속에 혹은 무의식 속에 쌓아둔 보석들이 긍정의 빛을 은은하게 발할 것입니다.

**딸아이는 네 살 때부터 지금까지 꼭 엄마에게만 잠자리 동화를 들려 달라고 매달립니다. 아빠가 서운하다고 할 때도 있어요. 아이 특성 인지 한동안 같은 이야기를 들려달라고 하는데, 요즘 꽂혀있는 동화 는 바로 그림형제의 〈은화가 된 별〉입니다. 다섯 번을 들려줘도 잠 이 안 들 때가 있습니다. 직장맘인지라 밤에 해야 할 집안일이 밀려 있을 때는 녹음해서 들려주고 싶은 심정입니다. 그래도 되나요?**

잠자리 동화를 정성 들여 들려주는 기회와 시간은 결국 자녀사 랑을 실천하는 정서적 투자입니다. 유아기의 이런 경험이 훗날 사춘기, 청소년기에 흔히 겪는 내적 어려움을 해결하는 데 큰 도움을 줍니다.

시간을 내기가 어려워도 동화는 가능한 한 육성으로 들려주어야 합 니다. 아이가 연거푸 들려달라는 것은 엄마와 함께하고 싶고 사랑받고 싶은 정서적 욕구가 충족되지 않았음을 표현하는 방법이기도 합니다. 직장맘의 자녀여서 늘 헛헛해하는 아이는 엄마에 대한 배고픔을 잠자리 동화 시간에 해소할 수 있습니다. 낮 동안 애정 결핍을 느꼈을 아이를 최대한 보듬어 줄 기회라고 생각하고, 기꺼이 시간을 내주시는 편이 좋 습니다.

**옛이야기 속에 나오는 잔인한 장면은 빼고 들려주어야 하나요? 아이가 두려움을 느끼거나 심리적인 부작용이 생길까봐 걱정됩니다. 가령 〈빨간 모자〉에서 늑대의 배를 가위로 자르는 부분이나 〈해와 달이 된 오누이〉에서 호랑이가 사람의 팔다리를 잘라 먹는 대목은 빼고 싶어요.**

그것은 어른의 생각입니다. 동화는 이미지의 언어로서 아이에게 전체의 상으로 다가갈 뿐입니다. 어른처럼 잔인한 장면을 구체적으로 떠올리지 않습니다. 〈빨간 모자〉에 사냥꾼이 늑대 배를 가르는 대목에서 아이는 안도감을 느낄 수도 있습니다. 할머니와 빨간 모자 손녀가 위험에 빠져 컴컴한 늑대 뱃속에 갇혔다가 사냥꾼의 도움으로 환한 세상으로 나온 것에 기뻐합니다.

아이는 동화를 들으며 장면 장면을 사실적이고 구체적으로 떠올리기보다는 전체를 이미지로 이해합니다. 가능하면 이야기 전체를 빠짐없이 들려주는 것이 바람직합니다.

# 004

|

# 모국어 안착과
# 내적 안정감

그동안 남편과 교육관을 공유하며 호흡을 잘 맞춰 양육해왔는데, 요즘 집 안에 마찰이 생겨 우울합니다. 시어머님이 네 살짜리(만 2.5세) 손자를 위해 영어교육용 DVD를 선물하시기 시작했어요. 저희가 인지교육을 하지 않는 것은 묵인하시다가 영어만큼은 남보다 일찍 시작해야 좋다는 의견을 분명하게 드러내셨습니다. 남편도 시어머님 말씀에 조금씩 흔들리고 있어요.

아이의 성장 단계를 외면한 조기교육이나 선행학습이 부작용과 후유증을 남긴다는 사실은 널리 알려져 있습니다. 그래도 자녀가 소위 글로벌 시대에 걸맞은 역량을 갖추려면 외국어의 대명사인 영어만큼은 '교육'이 아니라 '습득' 차원에서 빠를수록 더 효과적이라고 믿는 사람이 여전히 많습니다. 주변에서 아이가 영어를 일찍 시작하면 확실히 더 잘하더라는 평가를 자주 듣습니다. 엄마가 자녀를 '영어 환경'에 가능하면 빠르게 '이상적'으로 노출하고 싶은 마음으로 영어 유치원을 선택하기도 합니다.

이런 상황에서 영유아용 영어학습 자료가 상업적으로 수없이 개발되어 있습니다. 그뿐 아니라 한국 교육의 한계를 극복하고자 단기나 장기 유학을 보냅니다. 가족이 생이별을 감수하며 자녀의 유창한 외국어 능력을 위해 영미권으로 조기 유학을 떠나보낸 한국형 '기러기 아빠'가 아직도 많습니다(2004년부터 매해 평균 2만 가구 이상 증가).

영어 조기교육 열풍 속에서 아이는 과연 무엇을 얻게 될까요? 영유아의 발달 시기에 모국어가 안착해야 하는 이유를 심도 있게 파악하면 이런 문제에서 자유로워질 수 있습니다. 나아가 무조건 영어 조기교육을 시도하기보다 소신껏 교육의 '적기'를 포착하려고 노력할 것입니다.

적어도 만 5세까지 어린아이가 엄마의 언어인 '모국어'를 자연스럽게 습득하여 뇌에 언어구조가 확고하게 자리 잡아야 하는데, 그 시기에 낯선 말인 '외국어'에 잠깐이라도 자리를 내주는 모습이 참 안타깝습니다. 독일의 소아청소년과 의사이자 교육학자인 M. 글뢰클러 여사는 이중 언어를 습득할 수 있는 자연스런 환경이 주어져도 아이가 이중 언어로 성장하기보다 '하나의 모국어'로 자라나야 훨씬 더 바람직하다고 말합니다.

예를 들어 국제결혼을 한 가정의 아이는 대부분 이중 언어로 커나갑니다. 이렇게 두 가지 모국어를 구사하는 사람이 추가로 어떤 외국어를 배우면 다른 사람보다 비교적 쉽게 배운다는 언어학 통계도 있습니다. 그런데 그들이 성인이 되어서 밝히는 내적 어려움을 교육학 관점에서 눈여겨보아야 합니다. 자기 자녀에게 이상적인 언어 환경이 무엇인지 묻는 질문에 보인 반응은 매우 시사적입니다. 아래는 아르헨티나에서 스페

인어와 독일어를 이중 언어로 습득한 사람의 말입니다.[5]

> 내 아이는 모국어 하나만 배우며 자라야 더 좋다고 생각해요. 하나의 언어
> 를 확실히 익힌 다음에 외국어를 배우게 하고 싶어요. 제 경험상 이중 언
> 어를 사용하면 둘 중에 어느 한 언어에도 온전히 친근감을 느낄 수 없습
> 니다. 예를 들어 스페인어로 꿈꾸고 독일어로 생각하고 상황에 맞추어 말
> 하게 됩니다.

글뢰클러는 이런 사례를 바탕으로 부모에게 조언합니다. 생각하기는
본질적으로 언어와 직결되므로 아이가 우선 하나의 언어 환경에서 자라
야 한다고 말입니다. 한 언어체계에는 단어, 문장의 구성과 문법에 특별
한 '언어논리'가 들어있어서 사람의 사고와 내적 안정감에 영향을 준다
는 것입니다. 자연스러운 모국어 환경이 갖추어져야 생각이 자라는 데
'버팀목'이 되며 사람의 인성을 만드는 데 커다란 밑거름이 됩니다.

현명한 부모라면 자녀의 건강한 자기 정체성과 내적 안정감, 자의식
이 건강하게 형성되도록 영어 조기교육에 신경 쓰기보다 일상에서 모국
어 발달에 유익한 언어 환경을 만드는 일에 주력해야 합니다.

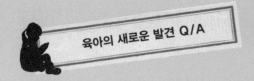

**남편이 일본인입니다. 아빠는 아이에게 철저하게 일본어로 말합니다. 딸아이가 곧 네 돌을 맞이하는데 유치원의 다른 친구들에 비해 말이 너무 늦어서 걱정입니다. 아이는 우리말도 어눌하고, 일본어도 별로입니다. 어느 때는 섞어 말해서 할머니가 못 알아들어요. 언제까지 기다려주어야 하는지, 아니면 언어 치료라도 시작해야 하는지 판단이 안 서네요.**

이중 언어로 성장하는 전형적인 환경이군요. 이런 아이는 대개 언어를 습득하는 데 비교적 오랜 시간이 걸립니다. 당연히 두 언어의 단어를 섞어서 쓰기도 할 것입니다. 보통은 그러다 어느 시점에(대개 만 5세 정도) 도달하면 빠른 진척을 보이며 두 언어를 확실하게 구분하여 구사할 수 있습니다. 아이가 머릿속에서 두 언어 체계를 구분하는 데 시간이 더 필요하다는 뜻입니다. 이런 특수한 상황에서 언어 치료는 오히려 걸림돌이 될 수 있습니다. 개인차가 있으니 좀 더 기다려주세요.

# oo5
### |
# 언어 발달을 돕는
# 단서 네 가지

"그만 뚝 하라니까!

날씨도 더운데 엄마 짜증 나게 할래? 알아들었어?

저기 에비, 에비!

민희야~! 여기 봐! 멍멍이 지나가네~!

제발, 그만 좀 그쳐라! 엄마가 이따 까까 사줄게!"

거리에서 엄마가 두 돌 막 지난 아이를 다급하게 달래는 장면입니다. 어린 딸아이를 어르고 달래도 별 효과가 없으니, 아이에게 요구와 보상을 동시에 제시합니다. 엄마는 소위 '베이비 언어'를 두드러지게 사용하고 있습니다. 아이 눈높이에 맞추려는 의도로 어른이 이런 어휘를 골라 쓰는 것이 영유아기의 언어 발달에 바람직한지 생각해보아야 합니다.

아이의 언어 발달은 저마다 다른 속도와 양상을 보입니다. 그러나 개별적인 성장 가운데서도 대부분 보편적 발달 법칙을 관찰할 수 있습니다. 생후 3~6개월의 옹알이 단계를 시작으로 보통 만 1세~만 2세 사이에 언어 발달이 활발하게 이루어집니다. '말뜻'을 못 알아들어도 아이에게, 특히 돌잡이 아이에게 관심 있게 말 걸고, 노래 불러주면 소중한 언어의 토대가 마련됩니다. 아이는 어른에게서 말하는 표정과 입술 모양, 말소리의 울림, 어조 등을 스캔하듯이 빨아들이고 뇌에 저장하며 모국어를 습득합니다. 이것이 언어 습득을 위한 주변 환경의 본보기입니다.

영유아, 특히 생후 만 2세 아이의 언어 발달을 뒷받침하려면 일상생활에서 무엇을 하고, 무엇을 삼가야 하는지 구체적으로 알아야 합니다. 언어 발달을 촉진하기 위한 몇 가지 단서가 있습니다.

첫째, 어른이 지금 하는 행동을 아이에게 말로 표현하면 언어 발달에 매우 효과적입니다. 아이가 보고 체험하고 있는 그것을 바로 전달하기 때문입니다. 이때 발음을 분명하게 하고, 어휘를 선택할 때 이른바 베이비 언어는 쓰지 말아야 합니다. 어린아이와 정식으로 대화해주세요.

"배고파서 우는구나, 젖 달라고? 잠깐 기다려, 엄마가 젖 줄게~."

둘째, 아이가 단어나 문장을 잘못 사용한다고 즉시 교정해주면 내면에 부정적인 영향을 미칩니다. 자연스럽게 한 번 더 되풀이하면서 '부드럽게' 교정해주어야 합니다. 아이의 잘못된 표현을 자주 지적하면 말하기 자체를 주저할 수 있기 때문입니다.

"수배 수배…."

"그래, 민희야, 수박 먹고 싶다고? 엄마가 수박 줄게, 잠깐 기다려~."

셋째, 어린아이는 말소리의 울림을 무척 좋아해서 어른의 억양을 그대로 모방합니다. 아이에게 동요를 불러주거나 운율이 담긴 동시를 들려주며 손유희 같은 것을 해주세요. 말에 담긴 멜로디 때문에 즐거워하므로 언어 발달을 자연스럽게 촉진합니다.

넷째, 아이는 말할 때 단어를 찾느라고 더듬거나 시간이 걸립니다. 매끄럽게 표현하기도 힘듭니다. 그래도 차분하게 들어주어야 합니다. 어른의 듣는 태도 역시 아이가 모방하는 대상입니다. 아이가 훗날 타인과 의사소통하면서 자신을 잘 표현하려면 먼저 다른 사람의 말을 귀 기울여 들을 수 있어야 합니다. 그런데 아이가 집이나 차 안 등 주변 환경에서 텔레비전, 라디오, CD 플레이어 소리와 같은 배경 소음에 늘 노출되면 남의 말에 귀 기울이는 습관을 지니기 어렵습니다.

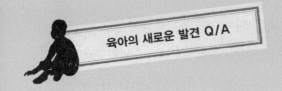

지금 다섯 살(만 3.5세) 남자아이입니다. 아이가 말을 곧잘 하다가 요즘 들어 자꾸 말을 더듬거리네요. 언어 치료를 시작해야 하나 고민 중입니다.

불안하시더라도 조금만 더 기다려보세요! 대개 만 4세 전후에 갑자기 나타난 이런 증상은 주변에서 세심하게 배려해주면 저절로 해소될 수 있습니다. 이 시기에는 아이가 생각의 빠른 흐름을 바로바로 언어로 표현하기 어렵습니다. 호흡 조절과 조음도 부드럽게 되지 않아서 말을 자연스럽게 잇지 못하고 더듬거릴 수 있습니다. 이럴 때는 재촉하지 말고 기다려주세요. 아이가 말을 더듬거려도 엄마가 차분하게 귀 기울여주셔야 안정감을 느끼고 천천히, 조급하지 않게 하고 싶은 말을 이어갈 수 있습니다.

**주말에는 두 아이가 온종일 구연동화 카세트테이프를 틀어놓고 삽니다. 밥 먹을 때도 못 끄게 해서 신경전을 벌입니다. 동화라도 부작용이 있겠지요?**

하루에 몇 번이든 동요를 직접 부르거나, 어른이 육성으로 동화를 들려주면 아무 탈이 없습니다. 그러나 장시간 기계음을 듣게 해서는 안 됩니다. 아이들이 그 소리에 익숙해져서 습관적으로 틀어둘 수도 있습니다. 아이가 소음에 노출되면 주의력이 결핍되거나 특히 남의 말을 귀담아듣는 능력, 집중력이 약해집니다.

같은 맥락에서 이런 부분에도 신경을 써주셔야 합니다. 주말에 분위기를 조성하느라고 거실에 '고상한' 클래식 음악을 장시간 틀어 놓는 것도 아이에게는 방해가 됩니다.

006
|

# 언어 발달에
# '이상적인 환경'은
# 무엇일까요?

미디어의 범람은 세계 공통의 현상으로 유아 발달의 전체 영역에 경고
등을 밝히게 되었습니다. 그중에서도 아이의 언어 발달은 계속해서 비상
등을 켜놓은 상태입니다.

현대 아동의 30퍼센트 이상이 언어 발달에 문제를 보이며 초등학교
저학년에서 언어 발달의 지체 현상이 두드러지게 증가하고 있다는 게
독일의 소아청소년과 의사, 교육학자, 치료사들의 진단입니다. 특히 만
3~4세 유아의 20퍼센트가 언어 치료를 필요로 하는데, 뚜렷한 의학적
이유 없이 언어 발달의 지체를 보인다고 합니다. 마인츠대학의 하이네만
교수는 그 이유가 가정에 있다고 지적합니다. 미디어가 발달하면서 어른
이 어린아이에게 책을 읽어주는 데 소홀하고, 일상에서 어른들끼리도 말
을 너무 적게 하는 등 '침묵하는 가정'이 늘고 있다는 것입니다(독일 마인
츠대학교 부설 의사소통 장애 병원 2010년 통계).

영유아기의 언어 발달에 '이상적인 환경'은 대체 무엇일까요?

첫째, 영유아가 모국어를 습득하는 데 중요한 전제 조건은 직접 말하는 사람이 주변에 있는 것입니다. 실질적으로 더욱 중요한 것은 아이와 말하는 사람 사이에 내적으로 따뜻한 관계를 형성하는 일입니다. 어린아이의 언어 습득은 온전히 모방의 원리로 작동하기 때문에 텔레비전이나 라디오, 컴퓨터 등에서 흘러나오는 말소리는 언어 환경이 될 수 없습니다. 아이는 그런 종류의 기계음과 내적 관계를 맺을 수 없으니 전자·디지털 매체에서 나오는 말은 아이에게 소음일 뿐입니다.

따라서 말을 배우는 시기인 생후 1~2년 사이에 어른이 바쁘다고 텔레비전과 컴퓨터로 유아용 프로그램을 자주 보여주거나 CD 플레이어를 통해 구연동화를 자주 들려주는 일은 가능한 한 피해야 합니다. 이런 환경에 수시로 노출되면 아이가 갑자기 유사자폐증을 보이는 경우도 있습니다. 말하는 사람과 듣는 사람 사이의 관계 맺기가 빠졌기 때문입니다.

둘째, 아이 주변에 좋은 '언어 본보기'가 주어져야 합니다. 어른의 말씨는 부드러워야 하고 천천히, 또박또박 말해주는 게 좋습니다. 아이에게 쭈쭈, 찌찌, 맘마, 까까, 멍멍이, 빵빵 등의 베이비 언어를 사용하는 일은 의식적으로 삼가야 합니다.

셋째, 아이가 말이나 발음을 틀린다고 번번이 고쳐주면 좋지 않습니다. 그러면 아이는 말하기를 주저하게 됩니다. 가끔 틀린 부분을 바로잡아 반복해서 말해주면 아이가 자연스럽게 그것을 듣고 모방하여 스스로 바로잡게 됩니다.

넷째, 아이에게 움직일 기회를 충분히 주어야 합니다. 언어와 움직임을 관장하는 뇌 부분들은 구조적으로 긴밀하게 연결되어 있습니다. 따라서 언어 치료가 필요한 경우라면 아이가 몸을 많이 움직이도록 유도해주고 동작 치료를 곁들이는 게 효과적입니다.

다섯째, 아이 주변에서 되도록 불필요한 기계음이 들리지 않게 해주어야 합니다. 가정에서 늘 텔레비전이나 라디오를 켜두면 언어 발달에 해롭습니다. 예컨대 식사할 때 배경음악을 틀어놓거나 아이를 태운 차에 라디오나 음악 CD를 틀고 운전하는 일도 삼가는 게 좋습니다. 일상생활에서 아이가 늘 기계음의 말이나 음악에 노출되면 상대방의 말에 집중하지 못하고 흘려듣는 버릇이 생겨 언어 발달을 더디게 합니다.

여섯째, 아이가 어떤 말을 할 때, 바빠도 늘 귀 기울여 들어주어야 합니다. 상호작용이 가능할 때 아이는 말하기를 즐기며 더 말하고 싶어 합니다. 언어 습득은 반복을 통해 이루어집니다.

**아들이 만 3.5세입니다. 말을 조금 늦게 시작한 편인데, 지금은 말문이 터졌는지 온종일 조잘거립니다. 매번 반응해주기도 성가십니다. 말을 너무 많이 하는데 정상인가요? 다른 심리적 이유가 있는게 아닌지 갑자기 의구심이 생기네요.**

아이가 또래보다 말하기 자체를 즐기는 듯합니다. 영아가 옹알이하는 시기에 누군가 대꾸해주면 더 크게 하거나, 심지어 자기 목소리를 들으면서 스스로 반응하여 소리를 더 높이는 경우와 비슷합니다. 현재 아이는 말하는 연습을 적극적으로 하면서 자기가 하는 말을 듣고 다시 혼자 말하는 상황입니다. 엄마에게 무엇을 구체적으로 질문하지 않는다면, 매번 반응해줄 필요는 없습니다. 아이가 엄마의 존재를 느끼면서 안심하고 계속 말하며 놀고 있으면 엄마는 하던 일을 그대로 하셔도 됩니다.

**저는 직장맘이라 종종 저녁 늦게 귀가합니다. 아이가 최근 세 돌이 지났는데 잠자리 동화를 충분히 들려주지 못해서 마음에 걸립니다. CD를 이용하여 좋아하는 동화를 들려주면 어떨까요?**

늦게 귀가해야 할 때는 엄마 대신 누군가 아이를 재우는 일을 맡아서 하시겠군요. 그러면 차라리 그분이 직접 이야기를 들려주시는 게 좋습니다. 기계음은 정서와 언어 발달에 별 도움을 주지 못합니다. 잠들기 전에 아이가 꼭 동화를 들어야 하는 것이 아니라 이야기를 들려주는 사람의 따스한 분위기를 호흡하는 것이 핵심입니다.

# 007

|

# '디지털 치매'에
# 노출된 아이들

격주로 주말에 쌍둥이 아이들과 시댁에 가서 자는데 큰 부담입니다. 이유는 단 한 가지입니다. 집에서는 교육 차원에서 아이들에게 가능하면 텔레비전이나 DVD 등을 보여주지 않으려고 노력합니다. 그런데 시부모님은 저희와 전혀 다르게 행동하시니 마음이 무겁습니다. 첫돌 전에도 개월수에 맞춰 〈베이비 아인슈타인〉 시리즈를 사놓고 자주 보여주셨어요. 또 막 두 돌 지낸 쌍둥이 손자가 텔레비전 앞에 나란히 앉아 뽀로로에 빠져 있으면, 아주 기특해하시며 아이들이 화면을 집중해서 본다고 좋아하십니다. 텔레비전을 몰두해서 보는 게 아이의 집중력에 정말 도움이 될까요?

지상파와 케이블, 위성 방송의 영유아용 프로그램이나 DVD 등의 영상물이 교육적 내용을 담고 있다는 주장에 다양한 소비자층이 현혹되는 경우를 흔히 봅니다. 몇몇 프로그램은 지속해서 아이들에게 많은 인기를 얻고 있습니다. 심지어 미국의 디즈니는 전 세계 시장을 장악하고 있습니다. 게다가 상황에 따라 어린아이에게 스마트폰을 마치 놀잇감처럼 자연스럽게 건네주는 어른도 많습니다. 이렇게 전자·디지털 매체에 노출되는 아이들의 연령은 점점 낮아지고 당연히 영상 미디어를 보는 시간은 갈수록 늘어나고 있습니다. 이를 우려하여 최근 독일 뇌과학자 만프레트 슈피처(Manfred Spitzer) 교수를 포함한 여러 학자가 한결같이 영유아가 겪게 될 '디지털 치매'를 경고합니다.

아이들에게 인기 좋은 전자·디지털 매체 영상물이 어떤 부작용을 가져오며, 뇌의 성장 발달에 어떤 영향을 미칠까요?

전자·디지털 미디어의 영상물이 만 3세 미만 아이의 두뇌가 빠르게 발달하는 과정에 부정적으로 작용하고, 훗날 언어능력뿐 아니라 인지 기능을 약화하므로 자연히 학습능력의 계발에 악영향을 미친다고 학자들은 이미 결론을 내렸습니다. 뇌 생리학에서 바라보면 그 이유는 간단합니다. 사람의 성장 발달에서 뇌 발달은 유아기에 가장 왕성하게 이루어지므로 뉴런과 시냅스의 조직망 형성에 자극을 주어야 합니다. 뇌 신경세포는 마치 근육처럼 많이 움직여줄수록 강화되며 그 수가 증가합니다. 신경세포를 연결하는 시냅스는 활동 정도에 따라 뇌세포 안에 기억의 흔적을 남깁니다. 따라서 아이 스스로 활발하게 체험하며 느끼고 생각하는 활동이 중요합니다. 특히 몸을 자율적으로 움직이는 기회가 주어질 때 자극이 아이의 뇌 안에 자취를 남깁니다.

이와 반대로 아이가 디지털 기기 앞에 앉아서 영상물을 바라보는 것은 가상현실을 간접적으로 '경험'하는 데 지나지 않습니다. 그 순간 뇌의 활동은 사실상 정지된 상태입니다. 영상 미디어는 아이 스스로 두뇌의 기억 용량을 늘리고 정보처리의 속도와 정확성을 높이는 등 기억력이 발달하기도 전에 감소하는 결과를 가져옵니다.

요즘 대부분 성인이 '디지털 치매' 증상을 하소연합니다. 이것 역시 같은 맥락에서 이해할 수 있습니다. 현대인의 일상생활을 보면 디지털 기기 의존도가 매우 높습니다. 예컨대 전화번호 저장기능, 내비게이션 사용, 노래가사 읽기, 정보 검색 등에 익숙해져서 자신의 기억 장치를 사용할 필요가 없게 되었습니다. 사소하게 보이지만 전화번호나 노래가사를 암기하고 길 찾기에 작동하던 뇌세포가 서서히 녹슬어 활동이 쇠퇴하거나 정지 상태로 변화합니다.

이런 증세는 우리가 다시 암기하려는 노력으로 기억 뇌세포를 훈련함으로써 어느 정도 예방하고 극복할 수 있습니다. 그러나 기억력이 폭발적으로 확장되는 영유아기에 디지털 치매의 싹이 만들어지는 것은 돌이킬 수 없는 차원의 문제입니다. 어린아이가 디지털 미디어를 통해 영상물을 빈번히 본 결과로 빚어진 치명적인 부작용은 성인이 되어 전혀 회복할 수 없습니다.

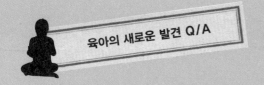

**9개월짜리 꼬마가 낮잠 자고 일어나면 자꾸 웁니다. 달래보려고 시도하다가 실패하면 텔레비전을 틀어줍니다. 유독 홈쇼핑 방송을 켜주면 바로 울음을 그치고 집중해서 봅니다. 잠깐씩 보여주어도 뇌 발달에 해로울까요?**

아이가 울다가 텔레비전을 보고 울음을 그치는 것은 잠시 어리둥절해졌기 때문입니다. 특히 홈쇼핑 방송은 화면이 빠르게 지나가며, 말의 흐름 역시 소비를 부추기는 역동성을 유지합니다. 따라서 아이는 시각적, 청각적으로 놀란 상태로 화면에 시선을 뺏깁니다. 시신경과 시신경 근육은 항상 움직이는 기관인데, 아이가 화면을 한참 응시하게 되면 시력 발달에도 해롭습니다.

아이가 텔레비전을 보는 시간이 길든 짧든 영상물에 노출되는 동안 뇌 활동은 정지되어 발달이 중단됩니다. 이것은 마치 아이가 외부 세계와 고립되어 아무 자극 없이 컴컴한 구석방에 갇힌 상태와 같습니다.

# 4장

건강한 몸과 마음을
가꾸는 지혜

"두 번째 고열의 실험대를 15개월짜리 아이가 해열제 없이 통과했어요! 정민이가 이제 완전히 회복한 것 같아서 안심입니다. 요즘은 평소처럼 잘 먹고, 잘 놀고, 밤에 잠도 잘 잡니다.

지난 주초에 이틀간 감기 증상을 보이더니 한밤중에 열이 39.5도까지 오르더군요. 해열제를 여러 번 만지작거리다가 포기하기까지 정말 힘들었습니다. 물론 시어머님의 지지가 없었다면, 직장맘이자 초보맘인 제가 굳건히 버틸 수 없었겠죠.

돌아보면 첫 번째 경험은 더 심한 생지옥이었어요. 8개월에 접어든 아이에게 어느 날 갑자기 날벼락이 떨어졌습니다. 말로만 듣던 3일열(돌발성발진)이 소리 없이 찾아온 것이죠. 역시 한밤중에 고열이 시작되었어요. 응급실에 가려고 준비하는데, 제가 너무 초조해하고 불안에 떨고 있으니까 남편이 시어머님을 호출했어요. 결국 시어머님께서 손자 간호를 직접 맡아주셨어요. 수시로 열을 재면서, 방 안을 환기하고 '딱 사흘만 참아 보자'고 저를 진정시켜주셨죠. 시어머님의 예고대로 셋째 날에 정말 큰 변화가 나타났습니다. 아침에 피부 발진이 보여서 다시 초조해졌는데, 저녁 무렵 순식간에 피부도 가라앉고 열감이 사라지더군요.

독일 병원에서 소아과 간호사로 20여 년을 근무한 경력을 가진 시어머님은 전문직에서 터득하신 바를 생활

속에 실천하며 온 가족의 건강을 두루 살피십니다. 친정 식구는 감기 기운을 느끼면 '예방 차원'에서 약을 먹고 일찍 잡니다. 그런데 시댁 식구는 전혀 달라요. 시어머님의 가정 보건 소신에 따라 감기몸살이 와도 약은 멀리하고, 쉬는 분위기입니다. 특히 손주에게는 취학 전까지 영양 보충제를 포함해 어떤 약이든 먹이지 않아야 자가 면역력이 높아진다고 강조하세요. 당신의 '건강 철학' 덕분에 현재 사춘기에 접어든 친손자 둘과 외손녀 둘은 다른 집 아이들보다 튼실하게 성장했다고 자부심이 대단하십니다."

# 아기의 고열은
# 면역력 투쟁

할머님께서 고열에 시달리는 손자를 손수 간호하시며 해열제를 피하시는 '가정 보건의 소신'을 심층적으로 살펴볼 필요가 있습니다. 이것은 일반 서양의학의 관점을 확대한 루돌프 슈타이너의 전인적 인지 의학의 측면과 상통합니다.[6] 여기서 주목할 부분은 첫돌 전에 걸리는 감기 증상에 동반되는 열에 담긴 의미입니다. 38도 이상 40도까지의 고열은 아기 성장을 위한 통과의례로 간주하는 것입니다.

자연의 이치로 태아는 탄생하기 전에 엄마로부터 일정량의 면역력을 전해 받으며, 이것은 대략 생후 4~5개월까지 유지됩니다. 이와 같은 신생아의 자연 면역력은 모유 수유를 통해 그 효과가 더욱 높아지고 대개 1년을 보내면서 서서히 약해집니다. 그래서 아기마다 차이는 있지만 첫돌 전후에 미열에 시달리거나 고열이 나는 감기 증상을 보이며 간간이 아프게 됩니다. 이런 과정을 통해 아기는 비로소 자신의 면역력을 쌓기 시작합니다.

생후 8개월의 아이에게 어느 날 갑자기 닥친 '돌발성발진'(3일열, Dreit-agefieber, exanthemata subitum)의 원인은 헤르페스 부류의 바이러스 감염입니다. 이것은 대략 생후 6~8개월 또는 두 돌 경에 불가피하게 겪어야 하는 전형적인 영아 질병입니다. 말 그대로 아기 몸이 보통 3일간 고열과 싸웁니다. 피해갈 수 없는 이 증상은 거의 부작용 없이 회복되는데, 아기 몸 안에서는 무슨 일이 일어날까요? 눈에 보이지는 않지만 신생아는 엄청난 일을 해냅니다. 미래의 삶을 위해 아기 스스로 독립된 면역체계로 탈바꿈하는 최초의 생리 변화를 겪습니다. 며칠간 열병 치레를 한 후에 아기는 두드러진 발육을 보입니다. 예를 들어 기는 동작이 더 빨라지고, 비틀거리던 걸음걸이가 훨씬 자연스러워집니다. 면역체계가 어느 정도 자리를 잡으려면 유치 갈이 시기까지 약 7년의 세월이 필요합니다.

요컨대 아기는 지구상에서 자신의 생명을 유지하고 적응하며 주변의 세균과 싸우느라 몸에서 열을 낸 것입니다. 그리고 그 대가로 자가 면역체계를 얻게 됩니다. 이러한 자연의 이치를 고려할 때 미래의 아이 건강을 위한다면 임시방편에 가까운 해열제 투약은 절제할수록 좋습니다. 물론 열성 경련으로 악화되는지 면밀히 주시하면서, 필요할 때는 의사의 전문적인 치료가 신속하게 이루어져야 합니다.

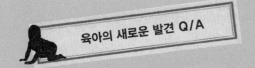

**18개월 된 아들입니다. 콧물감기로 벌써 보름째 이비인후과에서 처방받은 약을 먹이는데, 어제부터 열이 39도로 치솟았어요. 해열제를 먹여도 두 시간 정도 지나면 또 오르네요. 돌 즈음 딱 한 번 고열에 시달린 적이 있습니다. 그때 말고는 열이 난 적이 없는데 다니던 병원을 바꾸어야 할까요? 병원을 자주 바꾸면 더 안 좋다는 엄마도 있던데, 그냥 응급실로 가는 게 해결책인지 고민입니다.**

어린 자녀가 질병 치레 없이 자라기를 바라는 부모의 소망과 달리 영유아는 다양한 증상을 겪으면서 성장합니다. '건강한' 아기가 겪는 일반 증상을 크게 세 가지로 분류할 수 있습니다. 첫째, 소화기 계통의 배탈 증세입니다. 둘째, 중이염을 포함해 기침, 코막힘 등 감기 증세와 연결된 이비인후과 증상, 독감, 기관지염과 같은 호흡기 질환이 있습니다. 셋째, 가벼운 태열부터 심각한 아토피 증세 등 다양한 피부 질환이 있습니다.

가벼운 초기 증상에서 체온이 38도 정도 오르면 대부분 양육자가 열성 경련을 염려해서 해열제를 먹입니다. "열은 초장에 잡아야 한다"며 38도가 되면 해열제를 꼬박꼬박 먹이라는 소아과 의사도 있습니다. 부모는 아파하는 어린아이가 한없이 애처롭고, 고열로 인한 위험한 부작용을 걱정하는 등 불안감 때문에 약을 외면하기 어렵습니다.

그러나 고열을 무조건 두려워하기보다 다른 각도에서 그 의미를 생각해보아야 합니다. 시련을 겪는 아이를 당장 편하게 해주려고 해열제를 먹여 열을 내리면 잠시 후 아기의 신체기관은 다시 감염균과 싸우느라 더욱 심하게 열을 냅니다. 어려워도 고열을 통과해야 아이 몸이 세균과의 싸움을 빠르게 마칠 수 있습니다. 이런 기회에 아이 몸은 스스로 열을 올리고 내리는 능력을 훈련하면서 유기체의 '학습'이 이루어져 자가 면역력을 단단하게 쌓아갑니다. 해열제는 면역체계의 발달 과정에 방해 요소로 작용하므로 가능하면 아이 스스로 열을 극복하도록 기회를 주어야 합니다.

1920년대부터 적용되어 온 슈타이너 의학은 신체·영혼·정신의 영역까지 포함하여 전인 치료를 목표로 합니다. 여기서는 약물치료와 더불어 예술치료까지 병행하며 질병의 의미를 포괄적으로 바라봅니다. 슈타이너 의학을 포함하여 독일의 일반 의학계에서 연구한 결과에 따르면 영유아에게 해열제나 항생제를 투약할 때 더욱 신중해야 합니다. 초기 성장기에 나타나는 발열은 아이의 면역 발달에 불가피하므로 성장기에 나타나는 열을 인위적으로 자주 억누르면 좋지 않다는 것입니다. 이 시기에 나타나는 발열을 약으로 억누르면 그 부작용이 여러 형태로 쌓입니다. 그 결과 성인이 되어 알레르기와 암의 발병률이 현저히 높아진다는 의견입니다.[7]

# 영유아 권장 음식
## VS
# 금기 음식

부모의 식습관이 자녀의 미래 건강을 결정한다 해도 과언이 아닙니다. 그런데 요즘 대부분 아이가 엄마 품을 떠나 유치원과 어린이집 현장에서 하루하루 커나갑니다. 부모는 내 아이에게 과연 건강한 먹거리가 제공되는지, 급식이 자녀의 미래 건강을 준비하는 데 얼마나 보탬이 되는지 세부적인 사항까지 궁금해합니다. '유치원 쓰레기 급식' '어린이집 꿀꿀이 죽' 같은 사건이 기사화되면, 부모는 더 불안한 마음입니다.

그런데 영유아 식생활에 더 근본적인 물음이 필요합니다. 가정과 현장에서는 영유아기 발달에 맞는 영양학이 무엇인지 파악하여 보살펴야 합니다. 영양가 있는 음식을 무조건 많이 먹이면 좋다거나 아이가 잘 먹는 것을 주면 된다는 식으로는 영양과잉이나 영양불균형을 초래하는 식습관만 길러질 뿐입니다.

이상적 완전식품인 모유 수유가 끝나고 이유식이 시작될 때 아이가 섭취하는 음식물이 어린아이의 내장기관 발달에 결정적인 영향을 미칩니다. 어른은 다양한 종류의 음식물 가운데 기호에 따라 선택할 수 있지만, 어린아이에게는 새로운 음식을 섭취하는 것 자체가 지구에 적응하기 위한 하나의 도전입니다. 섭취한 음식물을 소화·흡수하려면 이제 겨우 싹으로 자리 잡은 내장기관이 다양한 음식물에 알맞은 소화 효소액을 분비하고 소화력을 발휘해야 하기 때문입니다.

부모와 교육자가 생후 7년간, 즉 아이의 내장기관이 형성되는 시기에 권장 식품과 금기 식품을 바르게 파악해야 자라나는 아이의 면역력을 높일 수 있습니다.

영유아에게 적합한 음식물이나 후식 또는 채소, 과일, 양념류가 무엇인지 그 이유를 정확하게 알아볼 필요가 있습니다. 독일의 영양학자 M. 카스너(Michael Kassner)가 발표한 다음 내용은 우리 일상에서 빈번한 착오를 줄이고 부모로서 특히 만 6~7세 미만인 어린 자녀의 영양 섭취와 식생활을 새롭게 이해하는 데 보탬이 됩니다.[8]

### • 국수나 감자음식

부드럽게 씹히는 장점이 있지만, 유아에게 무기질 결핍이 우려됩니다. 소화기관의 활발한 움직임을 위해서도 이런 부드러운 음식을 자주 먹이지 않도록 합니다.

### • 카레, 생강, 계피

카레는 쉽게 만들 수 있고 누구나 즐겨먹는 음식입니다. 겨울철 후식인 수정과는 식혜와 나란히 환영받습니다. 학령기 아동에게는 카레와 수정과가 비교적 무난하지만, 만 6세 미만인 아이에게는 전혀 바람직하지 않습니다. 카레나 생강, 계피 같은 것은 아직 성숙 단계에 있는 어린아이의 내장기관에 강한 자극을 주고 장내 박테리아균의 번식 가능성도 커지기 때문입니다.

물론 주된 음식이 아니라 감기를 예방, 치료하기 위해 권장하는 한방차 속에 생강, 계피를 아주 약하게 곁들이는 것은 다른 차원입니다.

### • 채소와 과일류

당근, 오이, 호박, 브로콜리 등은 유아에게 적합한 야채류로 잘 알려져 있습니다. 그러나 익히지 않은 생야채일 때 당근, 무, 고구마 등의 뿌리채소는 적은 양으로 충분합니다. 당근을 날것으로 적절하게 주면 어금니를 사용하여 씹는 법을 배우기에 바람직합니다. 침이 잘 만들어지고 치아를 형성하는 데도 도움이 됩니다.

향이 짙은 과일과 채소는 피해주세요. 예컨대 셀러리는 유아에게 부적절합니다. 오렌지와 유자, 레몬의 향 역시 아이에 따라 너무 자극적일 수 있습니다. 오렌지보다 겨울의 제철 과일인 귤을 추천합니다. 오렌지 주스 원액 역시 영유아기에 바람직하지 않으니, 꼭 주어야 한다면 반드시 물에 희석해서 주도록 합니다. 식초나 레몬을 곁들인 샐러드 소스 역시 어린아이에게 너무 자극적입니다. 요구르트 소스가 좋습니다.

### • 생식

유아기에는 생식보다 익힌 음식을 추천합니다. 아이의 내장기관은 소화능력을 조금씩 높여가는 단계입니다. 익히지 않은 음식은 소화과정에서 열을 빼앗으므로 위에 부담을 줍니다. 단, 완숙으로 잘 익은 과일은 태양

에너지로 익혀진 음식으로 생각하셔도 좋습니다.


### • 후식

달콤한 후식은 되도록 생략하세요. 현미식이나 잡곡밥 같은 주식은 소화 과정에서 포도당으로 흡수됩니다. 아이의 소화기관은 이런 과정을 몇 년간 '훈련'해야 합니다. 그런데 식후에 바로 이어지는 달콤한 후식은 장내 가스 생성의 가능성을 높입니다. 후식 대신 식후에 가벼운 산책을 하는 게 소화력을 높이며, 소화과정을 촉진합니다.


### • 음료수

식사 전후에 마시는 단맛 나는 음료수는 식욕을 저하하지만 신맛이나 쓴 맛은 식욕을 촉진합니다. 식사에 곁들이는 음료나 물은 위액을 희석합니다. 특히 소화력이 약한 아이에게는 물이나 국물을 가능하면 곁들이지 않는 게 좋습니다.

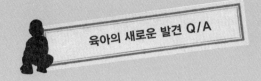

**저희 아들은 이제 14개월 되었습니다. 식욕이 좋은 편이고 발육 상 태도 양호합니다. 주말에 시댁을 방문하면 어머님께서 식사하시다 가 자연스럽게 어른 음식을 조금씩 먹이십니다. 불고기 국물, 두부 조림을 잘 받아먹는다고 기뻐하시는데, 간이 세서 걱정입니다.**

아이들은 어른 음식에 호기심이 대단히 많습니다. 그래서 아이 는 대체로 유아용 의자에 앉기보다 어른 식탁 쪽에 앉고 싶어 합니다. 시 부모님이 귀여운 손자를 안고 식사하시는 모습은 정겨워 보여도 아이가 식사 예절 또는 식탁 문화를 배우는 데는 바람직하지 않습니다. 평소 유 아용 의자를 잘 사용하면 아이가 밥 먹으며 돌아다니는 습관은 애당초 만들어지지 않습니다.

어린아이에게 일반 음식을 주지 말아야 하는 것은 조리 과정에 첨가 된 다양한 양념류 때문입니다. 성인용 음식에 필수적으로 들어가는 소금 뿐 아니라 후추, 파, 마늘 등 양념은 아이의 소화기관에 너무 자극적입니 다. 아무리 조금씩 먹인다 해도 아이가 강한 맛에 일찍 길드는 것은 좋지 않습니다. 유아용 음식은 대체로 싱거워야 위장에 좋고 아이가 음식 천 연의 맛을 즐길 수 있습니다. 시부모님이 서운해하시지 않도록 식사 전 에 아이 음식도 식탁에 함께 차려서 그것을 먹여주시도록 부탁드리세요.

**이제 막 두 돌 지난 여자아이입니다. 이가 날 때, 당근을 자주 주었어요. 지금도 당근을 날것으로 곧잘 먹어서 오후에 간식처럼 가끔 줍니다. 그런데 어떤 날은 대변 속에 당근 조각이 보입니다. 소화력 문제인가요?**

가끔은 딱딱한 당근을 주어도 괜찮습니다. 아이가 당근 조각을 급하게 씹고 삼키면, 소화가 덜 돼서 변으로 나오는 것입니다. 소화력 문제가 아니라, 소화력을 키우는 과정에서 내장기관이 음식에 '적응'하는 시기라고 생각하세요.

# 고기는 아직 소화하기
# 부담스러워요

다양한 학문이 발달하고 현대 영양학 연구에도 깊이가 더해지면서 우리는 다행히 식생활과 관련한 편견을 바로잡을 수 있게 되었습니다. 하나의 예로 우량아 선발대회가 세간의 주목을 받던 70~80년대, 우유로 키운 아기는 통통하기 때문에 무조건 건강하다고 여기던 사고방식은 이제 거의 사라졌습니다. 자연이 내린 완벽한 모유가 별로 대접을 받지 못했던 당시의 인식이 잘못된 것임을 이제 모두가 공감합니다.

그런데 여전히 이유식을 포함해 어린아이에게는 고단백질 음식이 중요하다고 여겨 소고기나 닭고기 또는 생선과 달걀을 굉장히 선호합니다. 고기에는 단백질뿐 아니라 철분과 지방산이 있어서 어린아이에게 필수라는 주장을 많은 사람이 확고하게 믿고 있습니다. 그러나 동서양을 막론하고 수백 년 전에는 고기나 생선, 달걀이 유아 음식으로 그다지 강조되지 않은 이유를 생각해보아야 합니다.

서구의 식생활을 살펴보면, 지난 세기 초엽부터 고기 섭취량이 꾸준히 늘어났습니다. 유럽에서는 2차 세계대전 직후에 궁핍한 시대를 겪으며 육류 선호도가 높아졌고, 그런 생각은 오랫동안 지속되었습니다. 현재 우리 사회에서도 서구화된 식생활이 주류를 이루고 있습니다. 반세기 동안 우리나라의 육류 소비량은 9배 급증한 것으로 나타났습니다. 이것이 건강에 어떤 영향을 미칠까요?

자라나는 아이의 신체 발달은 건강한 먹거리에서 출발하고, 그것이 평생을 좌우하기 때문에 부모나 교육자는 아이의 식생활에 민감하고 신중할 수밖에 없습니다.

구체적으로 단백질 섭취를 알아봅시다. 일반 영양학의 관점에서 20세기 초엽에 성인 기준으로 단백질의 1일 권장량은 140그램이었습니다. 오늘날 의학과 영양학에서는 성인 체중 70킬로그램 기준으로 하루에 단백질 60그램 정도를 섭취하도록 권장합니다. 그런데 서구의 통계에 따르면, 성인이 보통 하루에 단백질 100그램을 섭취합니다.

균형 있는 신체 발달을 위해 유아에게 필요한 동물 단백질의 양은 어느 정도일까요? 만 4~6세의 경우 단백질 권장량은 1킬로그램당 0.9그램이므로 체중이 15킬로그램인 아이는 하루에 13.5그램만 섭취하면 됩니다. 이 정도의 단백질은 어른이 먹는 고기에서 조금 떼어주면 충분합니다. 특히 만 6~7세까지는 위장 발달이 이루어지는 단계이므로 이에 적합한 식생활이 중요합니다. 동물 단백질의 소화분해효소들이 아직 완벽하게 자리 잡지 못한 상태를 고려해야 합니다. 지방과 단백질은 위액뿐 아니라 소장과 췌장에서 분비되는 효소가 충분해야 완전 분해되는데, 동물 단백질을 과다 섭취해서 불완전연소하면 창자벽의 점막에 부담을 줍니다. 루돌프 슈타이너 박사는 이미 1920년대에 인지학 의학의 관점에서 많은 양의 단백질을 섭취하면 세균에 감염될 위험이 그만큼 높아진다고 경고합니다.

결론적으로 단백질 섭취를 위해 이유식이나 아이 식사에 육류를 선호하는 것 역시 고정관념일 수 있습니다. 양질의 단백질은 곡식류나 두유, 두부, 우유, 요구르트, 생크림, 버터, 치즈 등 콩류, 유제품을 통해서도 효과적으로 공급될 수 있습니다. 그밖에 어린아이를 위한 단백질 공급원으로 견과류를 추천합니다. 그중에서 호두는 전형적인 겨울 식품이며, 아몬드는 모유 성분을 많이 함유하고 있어서 영유아에게 권장할 식품입니다. 땅콩 또한 식물 단백질이 아주 풍부합니다. 단, 땅콩 껍질 안에 곰팡이가 생길 수 있으므로 꼼꼼하게 살펴보아야 안전합니다.

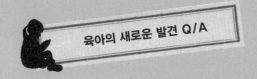

**큰아이가 다섯 살(만 3.3세)입니다. 고기를 별로 안 좋아해서 그런지 좀 마른 편입니다. 생선은 조금 먹는데 육류를 싫어합니다. 그냥 그대로 두어도 될까요? 소아과에서는 철분 부족 현상이 나타날 수 있으니, 고기를 꼭 먹이는 게 좋다고 합니다.**

철분 섭취를 위해 아이가 좋아하지 않는 육류를 고집하지 마세요. 다른 음식을 심각하게 편식하지 않는다면 아이의 식성을 존중해주는 게 좋습니다. 아직 어린 나이인데 고기를 먹으라고 너무 권하면 부작용을 일으켜 커서는 아예 육류를 거부할 수 있습니다. 혹시 아동기, 청소년기에 들어서도 계속 고기를 먹지 않으려고 하면 아이의 고유한 식성으로 받아들이세요.

철분과 단백질 섭취를 위해 아이가 고기 대신 견과류나 콩제품을 당근과 함께 먹을 수 있도록 조리해보세요. 엄마가 새로운 아이디어를 내서 음식을 정성 들여 만드는 과정을 보면 아마도 아이가 그 음식을 잘 먹을 것입니다.

**소아과 의사는 둘째 아이(10개월)가 마른 편이라 이유식에 달걀이나 고기, 생선을 충분히 첨가하라고 하네요. 큰아이(만 4세)와 마찬가지로 둘째도 고기를 별로 안 좋아합니다. 어린아이에게 고기와 생선은 얼마나 자주 먹어야 하나요?**

아무리 좋은 음식이라도 억지로 먹으면 아무 효과가 없습니다. 섭취한 음식물은 결국 복잡한 소화과정을 통해 체내에 흡수되어야 우리 몸에 유익합니다. 이때 다양한 소화액과 소화효소가 필요합니다. 수많은 종류의 소화효소는 아직도 현대 의학과 영양학의 연구 대상입니다.

만 6~7세 미만의 아이는 소화력과 소화액, 소화효소가 아직 갖추어지지 않아서 육류를 소화하는 것이 부담스럽습니다. 더구나 두 아이가 소화력이 약해서 고기를 본능적으로 안 좋아할 수도 있습니다. 곡물, 견과류나 버터, 치즈 등 유제품 속에도 고기만큼 양질의 지방산과 철분, 단백질이 있으므로, 우선 이것을 잘 활용하면 영유아 성장기의 영양 불균형은 피할 수 있습니다.

# 전자파의 위험,
# 작은 것부터 바꿔보세요

이제 아홉 살 된 아들이 작년에 할머니가 선물로 주신 스마트폰에 푹 빠져있지만, 집안 사정 때문에 대책 없이 쳐다보고만 있습니다. 큰 터울로 동생이 생겼거든요. 6개월 된 아기에게 관심이 온통 쏠려서 큰애를 적절히 통제하지 못하고 있습니다. 심각한 문제는 게임이 제 맘대로 안 된다고 갑자기 짜증 내는 일이 잦아진 것입니다. 최근 들어 잠자리에 드는 시간도 늦어지네요. 평소 민감 체질이라 전자파의 부작용은 아닌지 걱정입니다.

현대인의 생활필수품이 되어버린 스마트폰에 밀려 텔레비전은 이제 구시대의 유물처럼 보입니다. 미디어의 부작용 측면을 보면 몸집이 큰 텔레비전은 주로 실내 공간에서 문제가 되었지만, 다매체 기능을 겸비한 스마트폰은 언제 어디서나 사용할 수 있어서 심각성 정도가 다릅니다. 부피가 작은 만큼 우리 생활 속에 재빠르게, 깊숙이 자리 잡았고 이제 많은 사람에게 없어서는 안 될 존재가 되어버렸습니다.

젊은 엄마들도 스마트폰을 마치 친구처럼 친숙하게 대하며 일상에서 장시간 활용합니다. 이를테면 주 양육자로서 육아정보를 탐색할 뿐 아니라 집에서 육아 때문에 겪는 스트레스를 손쉽게 풀기 위해 오락 기능도 간간이 즐깁니다. 육아맘은 어린아이와 함께 외출하기 어려운 상황에서 늘 휴대 중인 스마트폰으로 번거로운 은행 업무도 간단히 해결하고 각종 상품을 쇼핑하는 등 편리성을 누리며 다양한 용도로 사용합니다.

그런데 이 편리한 전자기기를 자유롭게 쓰려면 우리의 생활공간은 전자기장으로 뒤덮여야 합니다. 게다가 실내에 흔히 무선 공유기를 설치합니다. 이것이 Wi-Fi 신호를 무제한으로 단절 없이 쏴주는 덕분에 인터넷 전화도 사용할 수 있습니다. 이처럼 전자기장과 전자파가 사람이 숨 쉬는 공간 전체를 휘감고 있어도 다행인지 불행인지 우리 눈에 보이지 않습니다. 인체의 면역력과 관련하여 생리학적으로 유해하다는 지속적인 연구 발표에도 불구하고, 당장 어떻게 되진 않으니까 가정에서든 직장에서든 대부분 무시하고 살아갑니다.

세계적인 미디어 생태학자들은 전자기기 가운데 휴대폰에서 방출되는 전자파가 건강에 미치는 부작용을 이렇게 나열합니다. 심혈관과 뇌혈관의 혈액순환 장애, 수면 장애, 지속적인 피로감, 긴장감과 신경증, 어지럼증, 두통, 기존 질병의 악화 현상 등 무척 많습니다. 과도한 노출이 누적되면 뇌파 장애, 혈전의 위험성이 있을 뿐 아니라 암 발생률이 높아지며, 정상적인 세포분열의 장애로 생식능력이 저하된다고 지적합니다.

물론 전자기장과 전자파의 부작용을 두고 과학자 간에 공식적으로 일치된 견해를 보이고 있지는 않습니다. 이런 상황이기 때문에 양육자인 부모뿐 아니라 주변 사람들이 최대한 미리 조심하며 전자파에서 어린아이를 보호해주어야 합니다.

오스트리아 빈의 의사협회는 전자파가 매우 위험하다고 말합니다. 맨 먼저 신생아를 전자파에서 보호하라고 강조하며 영유아는 물론 청소년까지 조심할 것을 당부합니다. 영국은 국가 차원에서 영아는 물론 만 16세까지 휴대폰 사용을 자제하도록 강력히 경고합니다. 독일 방사능보호청(BfS; Das deutsche Bundesamt für Strahlenschutz) 청장 W. 쾨니히는 일간지인 베를리너 차이퉁과의 인터뷰에서 전자파 노출이 아이에게 미치는 위험을 우려합니다. 특히 영유아교육 현장, 학교 시설과 병원을 이동통신 전자파의 위험 영역으로 꼽으며 휴대폰 사용을 자제하도록 요청합니다. 성장기의 아이는 더 예민하게 반응하므로 예방 차원에서 특별한 조처를 해야 한다는 주장입니다.[9] 이에 비해 인터넷과 스마트폰 사용자 비율 세계 1위를 차지하는 한국 사회의 분위기는 전혀 다릅니다. 전자파가 어떤 형태로든 아이 발달에 부정적인 영향을 미친다고 생각하기보다 그 영향이 미미하다고 보는 편입니다. 또는 현대 생활 조건에서 그 정도의 피해는 무시해도 된다는 여론이 우세합니다.

하지만 미래 세대의 건강을 폭넓게 생각한다면, 더 늦기 전에 잠재된 전자파의 위험성을 고려해야 합니다. 특히 신생아부터 세심하게 챙겨야 합니다. 아기는 태아기인 만 9개월 동안 태중에서 외부 자극으로부터 철저히 보호받다가 탄생한 생명체입니다. 따라서 영아기에는 최소한 생후 몇 개월이라도 주변의 다양한 자극을 줄여주는 게 좋습니다. 소리와 빛의 감각 자극뿐 아니라 전자기장과 전자파 역시 대단한 유해 요소입니다. 나이가 어릴수록 여러 가지 생리 현상에 전자파가 직접 민감하게 작용할 수 있기 때문입니다.

2030세대의 스마트폰 보급률이 95퍼센트 이상을 보이는데 젊은 육아맘은 출산 직후 휴대폰 사용을 의식적으로, 얼마나 자제하나요? 산부인과 병원이나 산후조리원은 실내에서 무선전화기, 무선인터넷을 포함해 전자기기 사용을 얼마나 절제하고 있나요? 예를 들어 신생아실 근무자가 휴대폰을 소지하는 일은 불가피한가요? 시설 면에서 수유 호출용 무선 전화, 에어컨, 산소발생기 설치 대신 다른 대안은 없을까요?

사회의 인식 개선과 더불어 일상에서 개인의 아주 작은 실천이 필요합니다. 취침 전 스마트폰 전원이나 텔레비전 대기모드 끄기와 인터넷 작업을 하지 않을 때 실내 유무선 공유기의 스위치 끄기부터 시작하면 어떨까요?

|

# 유아기 성교육은
# 어떻게 해야 할까요?

어린아이들에게 성교육을 어떻게 해야 효과적인가요? 최근에 어린이집이 발칵 뒤집힐 뻔했어요. 다섯 살(만 3~4세) 민아의 엄마, 아빠가 전화로 노발대발하며 긴급 상담을 요청해서 온종일 상황을 설명하고 진정시키느라 진땀 뺐습니다. 여섯 살짜리(만 4.7세) 진성이가 바깥놀이 시간에 모래밭에서 엉덩이를 여러 번 만졌대요. 또 진성이 오빠가 실내에서도 자꾸 만진다고 말했대요. 근데 진성이는 평소에 스킨십을 좋아해서 선생님에게도 자주 안기는 아이거든요.

어느 유아교육 현장의 원장님이 부모의 항의에 교육적으로 대응하느라 애썼다는 하소연입니다. 요즘 같은 세상에 민아의 부모님이 당황해하는 것은 타당합니다. 성희롱, 성폭력, 성추행 문제가 사회면에 끊임없이 등장하고, 연령대를 떠나 성범죄가 큰 화제가 되어 특히 딸 가진 부모는 늘 신경이 곤두설 수밖에 없습니다.

그래서 가정뿐 아니라 교육기관에서는 다양한 방법으로 성교육을 시도합니다. 집에서는 부모가 적절한 대화와 설명으로 성교육을 풀어가고, 유아교육과 학교 현장에서는 흔히 예방 차원의 '성교육 프로그램'을 진행합니다. 유아에게는 성교육용 인형극을 보여주기도 하고, 초·중·고등학교에서는 교육용 동영상 자료를 사용하기도 합니다.

하지만 어떤 영역에서든 피교육자의 발달 과정이 지닌 다층적인 면, 즉 신체·정신 차원의 발달을 고려하여 '교육'이 이루어져야 합니다. 성범죄를 예방하는 차원에서 낯선 사람이 접근할 때 유아, 아동에게 주의를 강조하는 교육은 매우 중요합니다. 그러나 생물학 차원에서 설명된 유아용 성교육 동화책이나 실물 수업에 해당하는 성교육이 과연 적합한지 생각해보아야 합니다. 아이의 발달 단계에 맞지 않은 '때 이른' 사실주의적 설명, 즉 해부학·생물학 정보에 해당하는 성교육은 유아기의 내면에 역효과를 가져올 수 있기 때문입니다.

가정이나 유아교육 현장에서 관찰되는 소위 '성적 표현'의 문제를 풀려면 부모와 유아 교사가 아이 발달과 연결하여 성적 발달을 폭넓게 이해하는 일이 무엇보다 중요합니다. 아래 상황은 일상에서 종종 문제시되는, 어른의 오해와 불안을 일으키는 전형적인 장면입니다.

- 만 3세 남자아이가 자기 성기를 자주 만지는데, 어떤 때는 다른 아이들에게도 접근하여 엉덩이를 만지려고 합니다. 손님 앞에서 까불며 놀다가 바지를 내리기도 합니다.
- 만 4세 여자아이가 집에서 동생(만 3세)과 의사놀이를 너무 즐겨합니다.

어린이집에서는 다른 아이들의 옷을 벗기고 진찰할 때도 있어서 선생님
이 주의를 준다고 합니다.

• 여름철에 아이가 집에 들어오기만 하면, 아예 팬티를 벗고 돌아다닙니
다.

이런 사례는 아이가 순수하게 세상을 알아가는 과정입니다. 즉, 아이
는 세상의 한 부분으로서 신체에 집중적인 관심을 가지고 자신뿐 아니
라 타인의 몸에도 호기심을 나타내는 것입니다. 남녀를 막론하고 만 4세
이하인 아이가 자기 성기를 만지는 행동은 단순한 '놀이'로 보아야 합니
다. 마치 손가락이나 발가락 등 자신의 다른 신체 부위를 탐색하며 놀거
나 코를 후비는 행동과도 같습니다. 성기에 대한 아이의 호기심을 어른
이 극적으로 받아들이지 않으면, 몇 주가 지나서 아이 스스로 그런 행동
을 멈추게 마련입니다.

만 3~4세의 유아가 의사놀이를 좋아하는 것도 이상한 일은 아닙니다.
예컨대 아이는 자신이 병원에서 진찰받은 것을 모방하여 의사놀이를 할
수 있습니다. 주변 사람을 탐색하고 싶은 마음에서 동생이나 친구들의
몸도 진찰하면서 조사하고 싶어 합니다.

아이는 만 2세까지 남녀 구분을 전혀 못 합니다. 만 5세 정도가 되어
야 비로소 성의 차이에 대한 의식이 싹트기 시작해 엄마와 아빠의 몸이
근본적으로 다름을 확실하게 알게 됩니다. 이에 비해 만 4세 아이는 엄
마에게 갑자기 이런 질문을 하기도 합니다. "엄마는 남자야? 여자야? 그
럼 할머니는?"

만 4~6세 무렵이 되면, 아이는 혼자 부끄럼을 타는 현상을 보입니다.

가령 속옷을 갈아입을 때 타인을 의식합니다. 이것은 저절로 오는 반응이므로 그 전에 아이에게 부끄러움을 가르쳐주거나 설명조로 교육할 필요는 없습니다.

결론적으로 어른이 문제 삼는 '성적' 행동은 어린아이에게는 본래 있을 수 없습니다. 어른은 성적인 것을 뜻하지 않는 그 무엇을 두고 성적인 것으로 해석할 때가 많습니다. 성 기관은 사춘기에 들어서 비로소 발달하고 성숙합니다. 신체 발달의 특성상 어린아이는 타인을 향한 성적 욕구가 근본적으로 없습니다. 유아기는 '성적으로 자유로운' 상태라는 뜻입니다. 성인에게 성적으로 보이는 유아의 활동은 세상을 향한 순수한 관심일 뿐입니다.

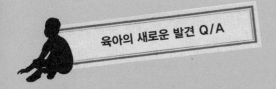
만 8세 아들입니다. 잠잘 때 커다란 곰 인형을 항상 허벅지 사이에 끼고 뒹구는 버릇이 있습니다. 거실 소파에서 낮잠 잘 때도 다리에 꼭 끼고 잡니다. 갑자기 손님이 왔을 때 민망한 적도 있습니다. 이런 버릇은 어떻게 고쳐주어야 하나요?

아이의 그런 자세는 잠자리 습관입니다. 아이가 다리에 곰 인형을 끼워서 촉감을 즐기며 쾌적함을 느끼는 것뿐입니다. 성적인 것과 연결해 상상하거나 보기에 안 좋다고 습관을 강제로 버리게 하기는 쉽지 않습니다. 손님이 방문할 일이 있으면 아이를 보호해주는 차원에서 미리 방으로 들여보내세요. 아이는 타인이 자기 모습을 어떻게 생각하는지 아직 모릅니다.

# 만 3세 반항기
# 슬기롭게 통과하는 법

토요일 오후 온 가족이 산책하러 나가는 분위기를 알아차리면 온순하게 "민아도 함께 갈 거야"라고 따라나서던 딸아이가 어느 날 갑자기 "나는 산책 안 가, 싫어! 산책 안 해!"라고 단호하게 외쳐서 깜짝 놀랐다는 초보 엄마. '미운 일곱 살' 전에 '마의 네 살'이 있다고 정보를 교환하는 네티즌 엄마들.

육아에 왕도는 없다지만 슬기로운 부모가 되려면 꼭 알아야 할 사항이 있습니다. 바로 자녀의 내면 발달을 심층적으로 이해하는 것입니다. 왜 아이는 세 돌 전후에 '반항기'를 맞이할까요?

생후 1년 즈음에 아이는 걸음마를 배우는 데 집중합니다. 두 돌 무렵에 '말하기'를 시작하며 여전히 귀여운 행동을 합니다. 아이 덕분에 집안 분위기가 더 밝아집니다. 그런데 만 3세에 접어들면 아이에게 '생각하기'가 들어오기 때문에 '나'에 대한 개념이 생기기 시작합니다. 이를테면 자신의 이름으로 소통하던 아이가 어법을 바꿉니다. "민아 배고파, 민아도 할 거야!"와 같이 순응하고 긍정적인 일상 표현이 사라진 대신 투정부리고 부정적인 어투를 많이 사용합니다. "내꺼야! 나 안 먹어! 안 해~! 싫어!"와 "아니야~"라는 표현을 자주 하고 무슨 일이든 일단 "~안 할 거야! ~하기 싫어!"라고 반항합니다. 양육을 담당한 엄마나 할머니는 고집부리는 아이와 실랑이하다가 지칠 때가 많습니다.

반항은 아이의 내면이 새로운 발달 단계로 들어감을 외적으로 드러내는 표시입니다. 아이는 어른에게 저항해보면서 자아의식을 만들어 갑니다. 방금 깨어난 자아는 아직 연약하지만 아이는 빈번한 반항을 통해 '나'에 대한 느낌을 발전시킵니다. 반항의 표현은 아이 스스로 건강한 자의식을 세우고자 노력하는 것입니다. 지금 막 발견한 자아에 접근하는 시점부터 아이는 자기 의지를 발휘하며 어떤 결정을 스스로 내리고 싶어 합니다. 이것은 완전히 어른을 모방하는 행동이기도 합니다.

예컨대 엄마가 "민아야 산책가자~"라고 말하니까 아이가 즉각적인 반응을 보입니다. "싫어, 나 산책 안 가~!" 여기서 아이는 두 가지 요소, 즉 '나'라는 자아의 힘과 원하지 않는다는 의지의 힘을 드러낸 것입니다. 막 싹트는 의지의 힘으로 아이가 의도적으로 엄마와 반대로 주장하거나 다른 결정을 내려보는 것입니다. 이런 순간적인 결정에 엄마가 강하게 자신의 의사를 따르도록 강요하면 어떻게 될까요?

당연히 아이의 정서 발달에 부정적인 영향을 줍니다. 아이는 어른에게 굴복당하고 존중받지 못한다는 느낌을 받습니다. 제대로 이해받지 못했다는 데서 좌절과 낙담을 경험합니다. 처음 찾아온 반항기에 아이가 제 의지를 충분하게 발휘해보지 못하면 나중에라도 이 증세는 드러나게 마련입니다. 대개는 더 격렬하게 나타납니다.

따라서 세 돌 지난 꼬마가 다루기 힘들게 고집불통으로 행동해도 어른이 아이 내면의 발달 과정을 위해 첫 번째 반항기를 편안하게 동반하며 도와주어야 합니다. 아이가 엉뚱하게 고집부리고 반항할 때, 어른은 인내심을 발휘하여 아이와의 즉각적인 대립은 피해야 합니다. 반항기는 양육자인 어른에게 성가시고 힘든 시기이지만, 교육적으로 매우 소중합니다.

육아의 새로운 발견 Q/A

만 3.5세 아들과 18개월 딸을 가진 엄마입니다. 큰아이가 요즘 부쩍 말썽을 부리고 동생과 싸우고 자꾸 짜증을 내서 하루하루가 전쟁입니다. 그런데 주말에 시댁을 방문하면 아들 녀석이 착해집니다. 동생과도 별로 싸우지 않고 사이좋게 지냅니다. 집에 오면 다시 돌변합니다. 매사에 반항하고, 투정 부리고, 동생을 괴롭히며 엄마와 무조건 대립각을 세웁니다.

엄마로서 무엇이 문제인지 스스로 질문을 던질 때도 있지만 참다못해 아이에게 큰소리를 지를 때가 종종 있습니다. 고집부릴 때마다 무조건 받아주어야 하나요? 교육에 더 나쁠 것 같다는 생각도 듭니다.

아이들과의 '전쟁' 장면이 눈에 선합니다. 큰아이는 반항기에 들어선 전형적인 현상을 보이네요. 다행히 아들이 자신의 반항기 증세를 구별해서 밖으로 드러내고 있군요. 할머니 집에 손님으로 방문했다고 인식하여 동생과 잘 노는 것은 기특한 일입니다. 그러다 집에 돌아오면 친숙한 공간에서 더 큰 안정감을 느끼며 가장 친밀한 인물인 엄마에게 내면의 발달 과정을 마음 놓고 드러내는 것입니다. 엄마가 조금 힘들더라도 자아의 힘과 의지의 힘을 강화하는 차원에서 아이의 반항기 증세를 잘 받아주세요.

　이때 요령을 터득하셔야 합니다. 아이가 어느 상황에 반항하면 즉각적인 반응을 되도록 삼가세요. 아이가 엄마 말을 안 들을 때, 투정하고 짜증 낼 때 왜 그러냐고 되묻지 마세요. 조금 기다리면 아이 스스로 긍정적으로 변할 수 있습니다. 엄마가 소리를 지르면, 아이의 투정이 강도를 높여 분노로 바뀌기 쉽습니다. 아이를 누를수록 반항기는 연장됩니다. 유아의 반항기는 홍역처럼 지나가는 통과의례이니 좀 더 느긋하게 생각하셔야 합니다.

007

|

# 이가 흔들리면
# 마음이 흔들린다?

어쩌자고 아이를 넷이나 낳았는지! 자식을 키워봐야 철든다는 옛말의 속 뜻을 어렴풋이 알 것 같아요. 큰딸인 제가 어릴 때 직장생활을 하시던 친정엄마가 슈퍼우먼 역할을 해내면서 겪었던 아픔을 생생하게 기억해요. 직장맘의 자녀로 겪었던 설움을 대물림하고 싶지 않아서 큰아이 출산과 함께 직장 일을 과감하게 접었어요. 전업주부를 자청하여 양육에 전념했건만, 몇 달 전부터 한숨이 터져 나오는 나날을 보내고 있습니다.

막 세 돌 지난 아들 민준, 초등학교에 입학한 셋째 딸 현이(만 7세), 3학년 둘째 딸 현미(만 9세) 그리고 중학생이 된 큰딸 현승(만 12세). 이 네 아이가 우리 가족 드라마의 주인공입니다. 공교롭게도 두 달 전부터 모두 치아 때문에 골치를 앓고 있습니다. 치과 방문이 거의 주중 행사입니다. 아들은 유치 어금니가 나는 중인데, 가끔 열감 때문에 징징거립니다. 더구나 몇 주 전에 놀다가 넘어져서 윗니까지 깨진 바람에 치료받고 있어요. 셋째 딸은 앞니 세 개가 빠졌고, 둘째 딸은 송곳니 옆 치아가 덧니처럼 비뚤게 나오고, 큰딸은 안쪽 어금니가 나오느라고 아파해서 치과를 출입합니다.

이렇게 아이마다 치아 때문에 칭얼대고 주말에는 서로 엉켜 놀고 싸우느라 집안 분위기가 전쟁터 수준입니다. 제각기 다른 목소리, 명랑 쾌활한 웃음소리뿐 아니라 투정과 짜증, 다툼 후에 이어지는 통곡조차 태연하게 받아들이는 날은 스스로 육아의 달인이 된 것 같은 생각도 듭니다.

하지만 어느 때는 무질서한 아이들을 제압하기 위해 저 자신도 깜짝 놀랄 만큼 큰 고함을 지릅니다. 순간의 감정을 제대로 조절하지 못하고 '언어폭력'을 휘두른 날은 팔자타령이 저절로 나온답니다. 아이들이 정서 불안이나 공격성을 보이면 치료실을 데려가듯이 엄마의 욱하는 감정 조절과 언어 절제를 돕는 '심리안정 요법'은 없을까요?


서너 살 터울로 아이 넷을 뒷받침하기란 쉽지 않지만 외동이나 두 자녀가 아니라 다자녀로 가족이 구성되어 아이들에게는 매우 바람직한 환경입니다. "가지 많은 나무 바람 잘 날 없다"고 해도 그 바람 덕분에 아이들은 서로 어울려 몸과 마음이 건강하게 성장할 수 있습니다. 그런데 현승이 집에 이따금 고함이 울려 퍼지는 진짜 요인은 무엇일까요? 엄마의 불안정한 심리가 문제일까요? 아니면 아이들에게 문제가 있을까요?

다자녀 집안의 '드라마' 연출을 노련하게 수행하려면 주 양육자가 생활 속의 감정을 잘 다스려야 하는데 참 어려운 과제입니다. 이를 위한 첫번째 발걸음은 자녀 발달을 포괄적으로 이해하는 일입니다. 이것은 이론적 접근이 아니라 내 자녀를 세심하게 관찰하는 데서부터 시작합니다.

현재 현승이네는 아이 넷 모두 치아의 상태가 변하고 있습니다. 아이들은 저마다 대단히 '큰일'을 치르고 있습니다. 발도르프 교육학자 M. 킬

힌드릭센과 치과의사 R. 크비스케의 공저 《치아의 흔들림-그것이 마음을 흔든다 Wackeln die Zaehne-wackelt die Seele》에 나온 것처럼 아이들은 자신의 신체 변화에 따른 심리 증상을 엄마에게 매일 다르게 표출하고 있는 게 분명합니다.[10]

세 돌 지나서 이제 다섯 번째 유치 어금니가 나오는 민준이는 '반항기'의 심리 발달 과정에 있으므로 어린 고집쟁이로서 당연히 "아니야, 싫어, 안 해!"를 즐겨 사용합니다.

셋째 딸은 유치 갈이와 함께 학교생활을 새롭게 시작하여 심리적으로 더욱 힘든 시기입니다. 이때 '미운 짓'을 골라 하는 것은 아이가 내면에 '얇은 피부막'을 만드는 과정에 있기 때문입니다. 바로 이런 막을 가지고 아이는 자신과 바깥세상을 구분하기 시작합니다.

둘째 딸처럼 만 9~10세 아이는 송곳니와 그 주변의 앞어금니가 빠질 때 '위기'를 느끼며 주변을 다르게 바라봅니다. 송곳니의 날카로움이 말해주듯이 주변 어른, 특히 엄마와 교사를 바라보는 눈이 달라집니다.

큰딸의 나이인 만 12세 전후에는 사춘기의 전야제를 치르며 사랑니를 제외하고 영구치, 어금니가 거의 자리 잡는 시기입니다. 어금니가 살며시 올라오듯이 아이의 감정은 늘 흔들대면서 사춘기에 맞이할 자의식의 탄생을 준비하는 '아픔'을 겪습니다. 아이는 자신도 모르게 이런 느낌을 가장 친밀한 엄마에게 쏟아냅니다.

이처럼 치아는 아이의 내적·정신적 성숙 발달을 반영합니다. 부모가 이런 이해를 바탕으로 눈에 보이지 않는 아이의 내면 성장의 단계를 읽어낸다면 어떤 육아 드라마가 펼쳐져도 자신의 감정을 조절할 수 있는 귀중한 열쇠를 마련한 셈입니다.

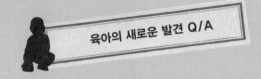
8년 차 교사입니다. 주로 5~6학년을 맡다가 올해 3학년으로 내려와 보니 아이들이 참 귀엽습니다. 점심 먹다가 어금니가 더 흔들리게 되었다고 말하는 아이도 종종 있어요. 그런데 요즘 아이들이 운동이 부족해서 그런지 모르겠지만, 자세가 불량한 아이가 많아요. 첫 수업부터 책상 위에 턱을 괴고, 구부정하게 앉아있습니다. 심지어 왼쪽 손으로 걸상 등받이를 잡고 허리를 받쳐 않는 아이가 늘고 있습니다. 눈에 띌 때마다 아이들에게 '지팡이' 짚지 말고 바로 앉으라고 주의를 줍니다. 그러면 아이들이 쑥스러워하며 웃어요. 그러나 손을 잠깐 떼었다가 다시 잡습니다. 매일 지적하고 훈계해서 될 일이 아닌 것 같은데, 다른 묘책이 없을까요?

운동 부족 현상은 현대의 아동, 청소년 대다수에게 나타나는 문제입니다. 자세 불량에는 여러 원인이 있겠지만, 3~4학년 아이들의 경우에는 치열 상태를 눈여겨보세요. 이 시기에 바른 자세를 유지하기 힘들어하는 것은 어금니 갈이와 무관하지 않습니다. 앉는 자세뿐 아니라 한 발을 떠는 습관을 보이거나 정반대로 발에 힘을 세게 주어 쿵쿵 소리를 내면서 걷기도 합니다. 신체 발달 과정에서 나타나는 현상이기 때문에 말로 하는 훈육과는 다른 교육적 뒷받침을 해주어야 합니다.

이를테면 수업 중에 집중력 약화 증세가 보이고 몸 일부를 불안하게 흔들거나 바른 자세를 유지하지 못하고 힘들어하면, 당분간 집중을 요구하는 숙제의 부담은 줄여주는 것이 발달 과정을 유연하게 돕는 길입니다. 또한 몸을 움직이는 놀이, 시 암송 또는 돌림 노래도 효과적입니다. 반대로 이 시기에 지나치게 몸을 움직이며 산만한 아이는 자신의 몸을 더 잘 느끼도록 해주어야 합니다. 예를 들어 딱딱한 씨앗으로 안을 채운 방석을 사용하게 하면 좋습니다.

# 우리 순둥이가
# 유사자폐라니

큰아들은 백일 넘어서까지 거의 안겨서만 잠이 드는 까다로운 아이였습니다. 7개월 지나서야 서서히 수면 습관이 안정되었죠. 세 살 터울로 희진이를 낳았는데, 아들과 비교하면 딸은 첫돌까지 정말 '순둥이'였어요. 전동스윙에 앉혀서 우유를 주면 조용히 먹고, 자동 장치 덕분에 스윙 위에서 낮잠도 잘 자고 보채는 일이 거의 없었죠. 그래서 친정엄마 도움 없이 두돌까지 저 혼자 육아를 감당할 수 있었습니다.

희진이가 30개월 지나서 가정 육아를 마치고 별 걱정 없이 어린이집에 보내기로 하고, 저는 IT 분야 전문직에 무사히 복귀했습니다. 겨우 2개월 정도 지났는데, 원장님께서 아이가 좀 이상해 보인다고 전문 진단을 받아보라고 권유하시더라고요. 검사 결과가 너무 뜻밖이어서 하늘이 무너지는 것 같았습니다. 순둥이 희진이가 '유사자폐' 판정을 받았어요. 진단받은 직후에 저는 직장을 접고, 다시 전업주부로 양육에 전념하고 있습니다. 아이에게 왜 이런 불행이 닥친 걸까요?

희진이를 맡은 교사의 설명에서 이미 몇 군데 위험 요소가 드러납니다. 어린이집의 현장 일지에 희진이의 조용함은 두드러집니다. 아이가 너무 순해서 적응기 없이 곧바로 종일반이 가능했고, 영아반 담당 선생님은 희진이가 전혀 보채지 않아서 손이 덜 가는 편이라고 칭찬까지 했습니다. 또래보다 말수도 적고, 아장아장 걸어 다니면서 이것저것 만지고 말썽부리는 일이 거의 없었습니다. 아이는 새로운 환경에 전혀 호기심을 보이지 않았고, 6주가 지나도 혼자 누워있기만 좋아했답니다.

교사들은 발육이 늦다고만 여기다가 조금 이상하다는 생각을 갖기 시작했습니다. 희진이는 혼자 뒹굴뒹굴 놀다가 겨우 앉아서 밥을 먹고 다시 누워서 시간을 보냈습니다. 어떤 때는 바닥에 앉기조차 힘들어하여 등받이 있는 식탁 의자를 이용하거나 선생님이 아예 무릎에 앉혀서 밥을 먹이곤 했습니다. 바깥놀이나 산책하러 나가면 넘어지기 일쑤고 조금 걷고 나서 주저앉아버렸습니다. 원장님은 어린이집의 생활 관찰에서 희진이의 움직임이 극단적으로 제한되어 보여서 엄마에게 전문 검사를 권유했던 것입니다.

다행히도 진단 후 약 20개월 만에 희진이의 상태가 빠르게 좋아지고 있는데, 그 묘책은 아주 단순합니다. 영유아기 발달에서 놓쳐버린 중요한 부분을 희진이에게 조금씩 채워주는 것입니다. 매일 산책을 함으로써 아이는 부족한 부분을 차츰 회복하고 있습니다. 처음에는 움직이는 일 자체를 싫어해서 바깥 활동과 산책을 어려워했다고 합니다. 그래도 원장님이 '희진이의 특별 프로젝트'라고 말하며 함께 산책해주시고 그 시간을 점점 늘리고 있습니다. 주말에도 가정에서 규칙적인 산책을 이어가고 있습니다.

또래와 비교하면 아직 여러 면에서 발달이 느리지만, 상호작용이 조금씩 좋아집니다. 외마디라도 표현 횟수가 늘고 있습니다. 지금은 주변 사람을 보며 웃기도 하고, 친구들 놀이에 끼어드는 적극성도 보입니다. 아이가 산책을 즐거워하며 예전처럼 자주 넘어지지도 않습니다. 바깥활동에서 희진이의 '유사자폐증'은 거의 극복된 것처럼 보입니다.

심리학과 의학에서 일명 '유사자폐'로 불리는 증상이 급증하고 있습니다. 이제는 이것을 하나의 병처럼 바라볼 게 아니라 교육학 관점에서 새롭게 이해할 필요가 있습니다. 자폐는 말 그대로 아이가 세상에 대하여 자신을 닫아버린 상태입니다. 그렇다면 영유아기의 발달 과정에서 세상과의 관계 맺기를 이루지 못하고 내면을 닫아버린 이유를 캐물어야 합니다.

아이마다 다소 차이가 있겠지만, 유사자폐증으로 발전되기까지 영유아기의 양육에서 보통 두 가지 문제를 드러냅니다. 생후 1~2년간 주 양육자와의 불안정한 애착 형성과 동적 움직임의 결핍이 나타납니다. 다른 한편 일상생활에서 움직임의 기회가 충분하지 못하면, 언어 발달의 부진으로 이어지다가 아이가 유사자폐 증상을 보입니다.

희진이의 사례에서 생후 1년간의 양육과정을 눈여겨보아야 합니다. 신생아 때 오빠보다 훨씬 순해서 돌봄이 수월했던 것이 세상과의 상호작용을 번번이 놓치게 했습니다. 예를 들어 바쁠 때마다 전동 스윙에 앉혀놓고 젖병만 물려준 것, 우유 먹고 낮잠까지 푹 자고 일어나도 혼자 있게 내버려둔 것 등 순둥이였기에 주변 어른이 믿고 혼자 내버려 둔 것이 문제의 발단으로 보입니다. 소소한 일상이 신생아에게는 안정적인 애착 형성과 신체, 언어 발달에 결정적인 요인으로 작용하기 때문입니다. 다시 말해 영유아기의 발달은 아이 혼자 조용한 상태에서 저절로 이루어지지 않습니다. 주변 어른의 충분한 돌봄이 필요합니다. 이때 어른은 아이에게 본보기 역할을 합니다. 이런 환경의 자극을 받지 못하면 움직임과 균형 잡기 능력 등 신체 발달을 위한 기초 감각들도 충분하게 깨어나지 못합니다.

생후 3년간의 발달에서 일상의 움직임은 결정적인 요소입니다. 그 기회가 제한되면 아이에게 다양한 어려움이 생겨납니다. 움직임은 언어 발달에 커다란 영향을 미치듯이 뇌의 인지영역에도 영향을 미쳐 지능 발달의 자극제 역할을 합니다. 더욱이 아이는 자신의 움직임을 통해 몸의 균형을 지각합니다. 움직일 때 불균형한 상황을 겪어야 몸의 균형을 잡는 훈련이 되므로 걷기와 놀이에서 적절한 '방해물'을 자주 경험하는 것이 바람직합니다.

이런 의미에서 아이가 평지뿐 아니라 울퉁불퉁한 길을 걸으면 움직임과 균형 감각의 발달에 효과적입니다. 이때 아이는 안정적인 균형을 이루기 위해 저절로 집중력을 발휘하며 제 몸을 조절하고 상황에 대처합니다. 이를 통해 아이의 내적 자신감이 길러지고, 자기 확신과 독립심이 늘어납니다.

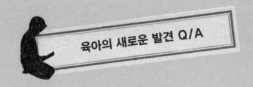
32개월 남자아이입니다. 아이는 말을 거의 못하고, 의미 없는 소리를 내면서 여기저기 뛰어다니거나 공격적으로 행동합니다. 아파트 놀이터에 나가도 다른 아이들과 어울려 놀지 못해요. 시어머님께서 남편도 어릴 적에 말이 느렸다고 알려주셔서 별로 걱정을 안 하다가 아이 상태가 심상치 않아서 지난주에 검사를 받았습니다. '자폐 스펙트럼'에 들어있다고 하네요. 검사 결과를 듣는 자리에서 언어 치료를 추천받았는데, 비용도 만만치 않고 거리도 멀어요. 언어 치료 대신 집 근처에 있는 놀이 치료나 미술 치료실을 다녀도 좋을까요?

'자폐 스펙트럼'이라 해도 꼭 치료가 필요한 것은 아닙니다. 언어 치료가 언어 발달의 촉진을 보장하지도 않습니다. 영유아기의 언어 습득은 일상생활에서 어른이 말하는 것을 보고 듣는 과정을 토대로 이루어집니다. 가정에서 이야기를 규칙적으로 들려주시면 효과적입니다. 그리고 아이에게 움직임의 기회를 많이 주셔야 합니다. 규칙적인 산책과 바깥놀이를 할 수 있게 보살펴주시면, 그것이 유료 치료를 능가하는 효과를 가져올 수 있습니다.

## 009

|

# 상담과 테라피의
# 허와 실

초등학교 2학년인 큰아이에게 두 달 전부터 주 2회 언어 치료를 받게 하다가, 이제 한 번으로 줄였습니다. 주말에는 음악치료를 받는데 아이가 좀 지루해해서 미술치료로 바꾸려고 해요. 그런데 요즘은 테라피를 받으면 정말 효과가 있는지 반문하게 되네요.

아이가 입학하고 나서 언어가 조금 뒤처지는 것 같고, 학교 적응도 어려워 보여서 전문 상담을 받았어요. 거기서 테라피를 추천받아 즉시 언어 치료를 시작했습니다. 몇 달간은 말하기에 조금 도움이 되는 것 같았는데, 지금은 별 효과가 없어 보입니다. 상담 선생님의 말씀대로 아이가 소심한 성격이라 말수가 적어서 아직 발음이 명확하지 않은지 잘 모르겠습니다. 교육 차원에서 테라피도 부작용이 있나요?

학부모는 학기 초에 자녀에게 많은 관심을 기울입니다. 방학 동안 테라피나 미술, 음악 등 예술 활동을 집중적으로 뒷받침한 것이 학교생활과 아이 발달에 직접 도움이 되는지 평소보다 세심하게 관찰합니다. 그러다 별 효과가 없어 보이면, 새로운 시도를 합니다. 그래서 여러 가지 치료를 동시에 받는 경우가 의외로 많습니다.

또한 민감한 부모는 자녀가 조금이라도 이상한 현상을 보이면 조기 진단을 받으려고 상담실을 찾고 다양한 테라피를 받게 합니다. 자녀수가 적은 만큼 아이의 건강한 성장 발달을 위해 더 세심하게 신경 쓰는 모습으로 보입니다. 예를 들어 언어 발달에서 가벼운 지체 현상만 보여도 바로 언어 치료를 보냅니다. 집중력 약화와 불면증 증세를 보이면 운동 치료나 예술 치료 등을 선택하기도 합니다. 그러나 이러한 조기 진단, 치료와 다양한 테라피가 아이를 더 산만하게 해서 상태를 어렵게 만들 수 있습니다.

우선 부모로서 아이의 어려운 증세를 면밀하게 관찰하는 일이 급선무입니다. 스위스의 소아청소년과 의사 라르고(Remo H. Largo)는 언어 발달 장애, 정서 발달 장애, 소아 비만증, 주의력 결핍증 또는 과잉행동 등 요즘 아이들이 성장 발달 과정에서 보이는 어려움은 대부분 움직임의 결핍에서 비롯한다고 강조합니다. 그리고 영유아기에 이미 정상적인 움직임이 제한된 경우가 많다고 합니다. 의학적 관점에서 라르고는 특히 만 6세에서 10세까지 아동의 활동을 중시합니다. 이 시기는 신체를 충분하게 움직이며 즐겨야 하는데, 학교생활 방식이 움직임을 통제하여 많은 기회를 빼앗기 때문에 현대 아동의 질병이 많아진다는 의견입니다.

움직임은 혈액순환을 자극할 뿐 아니라, 소화를 촉진하므로 수면 리듬이 안정되게 해줍니다. 적극적인 움직임은 아이의 신체·심리 건강에 가장 폭넓게 작용하며 체중 조절에 결정적 영향을 미치므로 과체중을 예방한다는 사실은 생물학에서 검증된 바입니다.

따라서 유아기와 아동기의 언어 발달을 촉진하려면 테라피보다 일차적으로 일상생활에서 아이의 움직임에 더 공을 들여야 합니다. 언어 발달을 자극하기 위해 운동, 산책과 같이 아이가 활동할 기회를 의식적으로 자주 만드는 것이 바람직합니다.

결과적으로 가벼운 발달 장애 현상에는 테라피가 결정적인 효과를 내지 못합니다. 이것저것 제공하는 치료가 아이의 정서에 부정적으로 작용할 수 있습니다. 증상이 가벼운 경우에는 부모의 자녀 관찰이 가장 중요합니다. 예방 차원으로 일상생활에서 적극적인 움직임과 자연을 만나는 기회를 많이 만들어주면 그것이 치유의 길을 열어줄 수 있습니다.

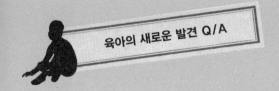

**만 5세 남자아이입니다. 체격이 좋은 편이며 집에서 매우 활발하게 움직입니다. 그런데 유치원에서 선생님이 아이가 너무 산만하다고 지적하셨습니다. 결국 지난주에 원장님이 소아청소년과 상담 진단을 권유하셔서 마음이 무겁습니다. 정말 병원 치료가 필요할까요? 엄마로서 우선 도와줄 방법은 없나요?**

대부분 남자아이가 여자아이보다 더 활동적입니다. 집이나 유치원 현장에서 아이의 활동 에너지가 충분히 발산되지 못해서 나타나는 현상일 수 있습니다. 아이의 체격이 좋다고 하시니 매일매일 에너지를 충분히 발산할 수 있도록 기회를 만들어주세요. 밖에서 줄넘기하거나 공놀이를 하면 일상생활에서 과격한 행동이 줄어들 수도 있습니다.

병원에서는 약물치료를 권장할 수도 있으니 신중하셔야 합니다. 예를 들어 리탈린을 복용하기 시작하면 아이의 활동이 현격하게 줄어들고 얌전해집니다. 그러나 상황에 따라 아이의 움직임 발달뿐 아니라 전체 발달에 치명적인 영향을 미칠 수 있습니다.

# 5장

일찍 출발하면
먼저 도착할까

"초등학교 교사 부부입니다. 20년 전 남편의 반대를 무릅쓰고, 제가 단호히 내린 결정! 지금도 후회하고 큰딸에게 미안해하고 있습니다. 생일로 봐서 한 해 더 기다렸어야 했는데 맞벌이하는 여건 때문에 조기입학을 강행했어요. 또래보다 키도 크고 영리해 보여서 안심했는데, 학교에 적응하기까지 생각보다 오래 걸리더군요. 첫 단추를 어렵게 끼워서인지 4학년까지도 아이들과 쉽게 어울리지 못했어요. 외부에서 자신감을 넣어줄 수는 없었습니다.

큰딸은 사회인이 된 지금도 살짝 대인 공포증 같은 울렁증이 있어서 불편해합니다. 자기 말로는 그게 초등학교 시절에 생긴 것 같다고 해서 엄마로서 늘 마음이 아파요. 수십 년간의 교직경력과 제 딸의 경험으로 봤을 때 강력하게 주장하고 싶네요. 정치적인 목적으로 이따금 추진되는 취학 연령의 하향 조정은 아이의 심리 안정과 사회성 발달을 고려할 때 곤란합니다. 국가의 비용 절감을 위해 유아기를 단축하는 시도 또는 엄마들의 지적 조기교육의 부추김 역시 성장기 아이를 학대하는 짓이라 생각합니다. 이런 발상과 행동은 결국 '유아기의 권리와 아동의 인권' 침해와 다를 바 없습니다."

# 조기취학,
# 사회성 미성숙 이끈다

학제개편과 조기취학으로 공적 재정의 부담을 줄이는 동시에 사회에 진출하는 연령을 앞당기자는 정치·경제적 주장은 국가의 미래를 위해 다시 거론되어서는 안 될 것입니다. 아이의 발달 속도와 성숙을 무시한 조기입학은 개인 차원을 넘어서 사회적 딜레마가 되어 국가 차원의 손실로 이어질 수 있기 때문입니다. 시선을 밖으로 돌려 교육의 세계적인 흐름을 타산지석으로 삼으면 어떨까요?

1960년대에 이미 미국을 비롯한 서방국가는 조기교육과 입학 연령의 하향 조정을 두고 치열한 논쟁을 거쳤습니다. 구소련에서 최초로 인공위성 발사에 성공하면서 소위 '스푸트니크 쇼크'를 겪은 미국과 유럽 여러 나라의 정치가들은 1960년대 중반부터 미취학 예비 학급을 설치해 실험적으로 지적 교육의 조기 도입을 추진했습니다. 1970년 중반 독일의 한 연방 주에서 사회·문화적 계층 간 간격을 좁히기 위해 취학 전 학습지도(선행학습) 프로젝트를 실행한 적이 있습니다. 당시 교육학자 사이에서 지적 조기교육에 대한 찬반이 엇갈렸는데 결국 조기교육을 적용한 사례와 교육심리학 연구 결과를 토대로 그 부작용이 입증되었습니다. 그래서 조기교육과 조기취학 시도는 1980년대 중반 미국과 유럽 여러 나라에서 마무리되었습니다.

2005년부터 유럽연합의 노동시장 진입 연령을 둘러싼 경쟁 때문에 각국의 정치가들이 다시 조기취학을 교육정책 방향의 중심에 놓지만, 여전히 관철하지 못하고 있습니다. 예컨대 독일은 각 방면의 교육학자가 한목소리로 성명을 발표하고, 언론기관 및 깨어있는 시민층이 연대하여 탄원서를 만드는 등 이른바 '국민 불복종 운동' 차원에서 반대의 목소리를 높인 결과, 만 6세의 취학 연령을 그대로 유지하는 주정부가 많습니다.

지적 조기교육과 조기취학을 이렇게 반대하는 교육학적 근거는 무엇일까요?

본래 미국의 조기교육 연구 프로젝트는 유아기의 지적 훈련이 인성 발달과 지적 자질을 촉진할 수 있다는 기대에서 출발했습니다. 이 견해는 학문적 평가에서 전혀 다른 결과를 가져왔습니다. 지능 지수가 높은 (IQ 125) 취학 직전 아이들에게 15개월 동안 문자교육을 했더니 오히려 지능이 낮아졌고(IQ 119), 인내심과 집중력도 나빠졌습니다. 내적 힘의 약화가 유아의 의지 활동에 영향을 미쳐 인성 발달의 문제를 가져온 것입니다.

이어서 1970년대 독일 막스 플랑크 연구소의 교육연구자들의 장기 프로젝트에서도 같은 결과가 나타났습니다. 유아기의 읽기 학습이 사고력과 지적 능력의 촉진과 무관하며 인성 발달의 토대에 부정적 변화를 가져온다는 것입니다. 취학 전 만 5세 유아의 세상 체험은 만 7세 아동과 질적으로 다르기 때문입니다.

　만 5~6세까지 아이의 이해 과정은 설명이 아니라 직접 몸으로 하는 체험과 인상을 통해 이루어집니다. 추상적 사고력이 형성되기 전 단계이므로 가령 '달이 나를 쫓아다닌다'고 느끼고 실제로 그렇게 생각합니다. 어떤 대상을 접해서 내적 체험으로 연결되어야 그것이 아이 안에서 '이해'되는 차원으로 넘어갑니다. 그런데 읽기 학습과 같은 조기 인지학습은 추상적 이해를 과도하게 요구합니다. 아이가 몸으로 직접 체험하여 얻은 성취감과 자기 신뢰감과 같은 느낌을 줄 수 없습니다. 결국 가정의 선행학습을 포함하여 조기취학으로 이루어지는 학습은 아이의 정서 발달과 내면 활동을 차츰 위축시킬 수 있습니다.

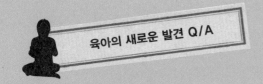

산만한 아이, 세계적인 추세인가요? 직장 때문에 시어머님께서 두 아이를 취학 전까지 애지중지 키워 주셨습니다. 둘째 딸이 입학한 후 바로 틱 현상과 배변 장애가 심해졌어요. 수업 시간에 자리에 앉아있지 못하고 교실을 돌아다닌대요. 담임선생님의 권유로 병원에 갔더니 짐작대로 'ADHD 증후군' 진단을 받았습니다. 저희 부부는 한동안 거의 공황 상태에 빠졌습니다. 급기야 제가 직장을 그만두고 전업주부로 복귀했어요. 현재 집안일과 두 아이 양육에 전념하는데, 다행히 아이의 증상이 빠르게 좋아지고 있습니다.

이제 약물치료는 중단했고, 일주일에 한 번씩 행동치료만 받아요. 치료실에서 만나는 여자아이 엄마의 하소연도 저와 거의 비슷합니다. 유치원 시절에는 정말 똑똑한 편이었는데, 학교에 들어가서 집중을 못 하고 주의 산만한 아이로 돌변했대요. 작년보다 치료실을 찾는 아동 수가 눈에 띄게 늘었고, 요 몇 년 사이 이런 증세에 시달리는 아이가 세계적으로도 많아졌다고 들었어요. 특별히 세계 공통의 요인이 있나요?

정서 발달 장애는 흔히 사회성이 미성숙할 때 생깁니다. 여러 가지 정서 발달 장애를 '시대병'이라고 말하는 사람도 있습니다. 그 원인은 다양하지만 유아와 초등학교 저학년생이 겪는 어려움은 주로 사회성 발달이 떨어질 때 파생됩니다. 아이가 자신을 조절하지 못하면 두 가지 대조되는 증상을 보일 수 있습니다. 자신감이 부족해서 너무 수줍어하는 행동과 절제력이 부족해서 주의가 산만해지면서 나타나는 공격성, 분노 조절 장애 등 반사회적 행동입니다.

그중에서 ADHD(주의력결핍 과잉행동장애)는 유전적 소인과 신경전달물질의 불균형 등이 원인이라는 사실은 이미 잘 알려져 있습니다. 외부 환경 요인 역시 학문적으로 더 구체화하고 있는데 그 가운데 입학 연령, 조기취학이 주의력결핍 증세의 주원인이 된다는 사실이 밝혀졌습니다.

캐나다 의사와 교수 연구팀은 ADHD 증세로 진단받은 만 6세에서 만 12세 사이의 아동 93만 7,943명을 11년간 추적 연구한 결과를 발표했습니다. 학급 친구들보다 미성숙한 태도 때문에 오진을 받은 경우가 약 39퍼센트로 많았고, 불필요한 약물까지 복용했다고 합니다. 이런 아이는 대부분 학급 평균 나이보다 몇 개월 어린 것으로 나타났습니다. 연구팀은 융통성 있는 취학 연령의 긴요함을 강조하며, 국가의 발전과 미래를 위해 개별 아동의 성숙에 따른 입학 연령의 정책에 유연성이 필요하다고 말합니다.[11]

좀 더 최근 연구로 2015년 독일의 사례가 있습니다. 뮌헨대학에서 만 4세에서 만 14세 사이의 ADHD 아동 7백만 명을 조사한 결과 또래보다 몇 개월 일찍 취학한 아동에게 증상이 현저하게 높게 나타났습니다. 즉, 외부 요인 가운데 입학 연령이 아동의 심리 건강에 커다란 영향을 미친다는 뜻입니다. 따라서 입학 정책이 아동 개인의 발달에 따라 유연해지는 방향으로 개선되어야 하며, 의사가 진단을 내릴 때 연령을 더욱 고려해야 한다고 강조합니다.[12]

# 영어 조기교육의
# 부메랑

"선생님! 저는 영어가 지긋지긋해요. 이런 노래는 정말 시시하고요! 엄마가 그러는데 영어 때문에 돈을 엄청 축내고 깨먹었대요. 다섯 살 때 영어유치원에 다니는데 영어 과외까지 받았어요. 근데 지금은 과외를 끊었어요."

"지선아! 그래도 선생님 설명에 주목해야지? 수업시간이니까 딴짓하지 말고 친구들과 함께 영어노래를 불러보자!"

초등학교 3학년생 지선이는 영어 시간만 되면 주의가 산만한 아이로 돌변합니다. 선생님과의 대화에서 아이는 엄마가 평소 자신에게 하는 말을 그대로 재현하고 있습니다. 취학 전에 이미 영어유치원에 보내면서도 영어 과외까지 시키느라 부모는 사교육비를 과도하게 지출한 것입니다. 그런데 아이가 공부에 몰두하지 못해서 엄마가 평소에 하는 푸념이 아이의 뇌리에 새겨진 모양입니다. 얼핏 보면 유아기부터 영어교육을 위한 뒷받침을 잘 받은 것 같지만, 학교생활에서 그 부작용을 겪는 사례입니다.

외국어 교육은 어릴수록 효과적이라는 조건 없는 '믿음' 때문에 많은 부모가 자녀교육을 위해 때 이른 '교육 투자'를 감행하거나 유아교육 현장에서조차 바람직하지 않은 시도를 합니다. 어떤 학부모는 원어민 영어 유치원을 선택하기도 하고, 어린이집이나 유치원 등 일반 유아교육 현장에서는 학부모의 요구에 맞추어 특별활동 시간에 영어 프로그램을 배치합니다. '유능한' 엄마는 집에서 소위 '엄마표 영어' 학습시간을 갖기도 합니다.

취학 전에 이런 시도가 아이의 영어 능력을 키우는 데 얼마나 도움이 될까요? 조기교육과 선행학습은 아이에게 학습 면에서 동기유발 능력을 저하한다는 사실은 널리 알려져 있습니다. 지선이의 딴청 부리기 역시 조기 영어교육의 부작용을 여실히 보여준 셈입니다.

우리 사회의 조기 영어교육 열풍에서 벗어나려면 외국어 실력을 키워주려는 노력보다 학부모님이 언어의 본질 자체를 파악하는 일이 급선무입니다. 외국어 능력은 모국어 습득의 토대가 있어야 안정적으로 쌓아집니다. 자녀의 지적 교육은 "빠르면 빠를수록 좋다"는 논리와 정확한 발음을 위해 어려서 영어를 시작해야 효과적이라는 생각은 대단히 위험합니다.

언어학적 관점에서 모국어의 발달은 옹알이할 때부터 만 6~7세 사이에 그 토대를 마련합니다. 사람에게 언어는 의사소통의 기본 수단으로서 감정의 움직임을 표현하며 자기 생각을 파악할 수 있게 합니다. 그뿐 아니라 언어를 통해 사고 구조가 만들어지며 자의식이 생겨납니다. 자의식을 지닌 다음에 다른 사람과 소통하는 게 아니라 의사소통하면서 자의식이 싹틉니다. 독일의 철학자 요한 고틀리프 피히테(Johann Gottlieb Fichte, 1762~1814)는 사람이 언어를 만드는 게 아니라, 언어가 사람을 만든다고 말합니다. 결국 언어는 그 사람의 근본 존재의 표현이라고 할 수 있습니다. 사람의 정체성은 외국어가 아니라 모국어를 통해서 건강하게 형성될 수 있습니다.

자녀의 사교육비 지출을 줄여서 노후 대책으로 삼는 '현명한' 부모가 늘고 있다지만, 아이의 외국어 교육에서 가장 '현명한' 처사는 취학 전까지 아예 시작하지 않는 것입니다. 모국어의 토대가 단단해지기도 전에 외국어 학습 환경에 노출하면 아이의 내면 발달, 즉 정체감과 자의식의 형성 과정에 유익하지 않기 때문입니다.

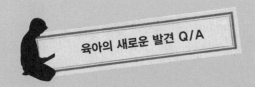

**육아의 새로운 발견 Q/A**

**아이가 만 2.5세입니다. 저는 직업상 거의 모국어 수준으로 영어를
잘 구사합니다. 엄마로서 제 능력을 교육에 조금이라도 활용하면 좋
을 것 같아요. 놀면서 자연스럽게 아이가 엄마와 영어로 소통하도록
유도하면 어떨까요? 집에서 단순한 생활영어부터 '엄마표 영어'를
확실하게 시작하면 어떨까요?**

엄마의 순수한 생각은 잘 이해했습니다. 그런데 아이 처지에서
생각해보셔야 합니다. 어린아이는 자신을 둘러싼 일상생활에서 자연스
럽게 모국어를 배웁니다. 엄마가 그동안 사용하던 말이 갑자기 바뀌면
아이는 커다란 혼란을 겪을 수 있습니다.

혹시라도 만 6세까지 엄마가 마치 한국어를 모르는 외국인처럼 인위
적으로 '철저하게' 영어로만 말한다면 아이는 서서히 '이중 언어'로 성장
할 수 있습니다. 즉, 영어를 모국어 수준으로 하게 됩니다. 정말 이것을
원하시나요? 엄마가 모국어, 즉 엄마의 언어를 사용해야 아이의 정서 발
달에 가장 좋습니다. 모국어가 안착하여 하나의 언어 구조가 잘 만들어
진 다음, 외국어 교육을 시작하는 것이 순서입니다.

# 육아 트렌드에
# 무심해도 되나요?

"엄마로서 아이를 위해 잘하고 있는지 자문하며 늘 불안해요."

"하나밖에 없는 아이인데, 지금 어려워도 최선을 다하고 싶어요."

"아이는 책대로 안 되네요. 육아가 생지옥 같아서 도망가고 싶어요."

"육아 트렌드가 자꾸 바뀌니까 혼란스러워요. 무시하자니 찜찜하고, 갈팡질팡하고 있어요."

초고속인터넷 보급률 1위를 차지하는 나라답게 지난 몇 년간 우리 사회의 육아법은 대단히 개방적이며 빠른 변화의 흐름을 보입니다. 한국식 포대기 전통 육아를 넘어서 유대인 육아, 프랑스식 육아, 북유럽풍을 거쳐 불량육아에 이어서 군대육아가 유행했습니다. 게다가 육아 스타일을 일컫는 신조어가 등장하여 알파맘, 베타맘 뿐 아니라 양육 태도에서 현저한 대조를 이루는 타이거맘과 스칸디맘 등 '맘'의 종류도 다양합니다.

2030세대의 젊은 엄마가 '닥치고 군대육아'에 주목한 배경은 무엇일까요? 이 책 저 책 가리지 말고 닥치는 대로 열심히, 전투적으로 책을 읽히면 3년 후 만사가 편해진다는 일명 '책 육아법'이 주목받은 진짜 이유는 무엇일까요? 어떤 엄마의 육아법이 내 아이에게도 효과적일까요? 모든 아이에게 유익한 보편적인 육아법은 존재할까요?

저출산, 핵가족화 시대에 소중한 내 아이에게 딱 맞는 양육법을 선택하는 일은 젊은 부모에게 당연히 막연합니다. 유아기와 아동기를 거쳐 곧 다가올 경쟁적인 학교교육에서 '자유로운' 부모는 우리 사회에 그다지 많지 않은 것도 사실입니다. 이런 상황에서 공부와 책, 영어만 가지고 사람이 된다고 생각하는 많은 부모, 조기 문자교육과 조기 영어교육에 주력하는 엄마에게는 이른바 '책 육아'가 안성맞춤으로 여겨질 수 있습니다.

육아의 방향을 하나로 결정하기 전에 냉철한 판단이 더욱 절실한 때입니다. 대략 20년 후 아이의 미래를 내다보기는 누구라도 현실적으로 어렵기 때문입니다. 미래 사회를 예측하기 어렵다는 사실을 인정한다면 자녀교육의 지향점이 현재의 가치관에 매여 있는 것은 모순입니다. 현명한 부모는 한국에서 똑똑한 자녀가 아니라 균형 잡힌 글로벌 인재로 성장하도록 폭넓게 살펴야 합니다.

지금의 영유아 자녀는 부모가 전망하기 어려운 미래를 살아갈 주인공입니다. 이러한 미지의 세계에 활동할 내 자녀를 키우는 데 한국형 '책 육아법'이 답이 될 수 있을까요? 미래형 인재의 어떤 능력을 쌓으려면 영유아기 성장 과정에서 그 근본 토대가 만들어져야 합니다. 이것은 지적 교육을 은근히 지향하는 육아 트렌드와 무관합니다. 내 아이가 지상에서 유일한 개별체이며, 존재 이유와 그 의미를 채우기 위해 수많은 재능과 소질을 가지고 탄생했음을 부모가 인정할 때 비로소 가능합니다.

다시 말해서 부모는 내 아이를 믿는 자세를 가져야 합니다. 내 아이가 뒤처질 수 있다는 막연한 불안감을 버리고, 아이에게 숨겨진 고유한 능력을 믿는 마음의 여유가 필요합니다. 부모는 내 아이를 더 잘 알기 위해 일상생활을 정성 들여 관찰하며, 자녀의 존재를 있는 그대로 받아들이고 이해하려고 노력해야 합니다.

지혜로운 육아란 어린 자녀가 지구의 리듬에 잘 적응할 수 있도록 일상의 생활 리듬을 안정적으로 지켜주는 것입니다. 또한 아이가 자신의 감각활동을 통해 직접 세상을 알아가도록 다양한 기회를 주어야 합니다. 아이는 적어도 생후 3년간 충분하게 움직일 수 있어야 내면의 의지가 길러지며, 자신의 체험으로 세상을 느껴야 생각이 만들어집니다. 특정 양육방법에 매이는 것, 책으로 지적 자극을 지나치게 촉진하는 것, 즉 학교 교육의 준비로 육아 스타일을 정하는 것은 아이에게 부정적 흔적을 남깁니다. 밖에서 유행하는 육아 트렌드를 과감하게 버리고 내 아이에게 집중할 때, 아이에게 이미 내재한 재능이 하나씩 살아날 수 있습니다.

두 아들을 생각해서 거실을 도서관처럼 꾸미는 데 거금을 투자했습니다. 큰아들 민호(만 9.5세)는 책을 정말 좋아해서 잘했다는 생각을 했습니다. 그런데 오후에 학원 가기도 싫어하고 집에서 책만 보려고 합니다. 주말에는 꼼짝 않고 독서를 즐깁니다. 주변에서 독서 영재라고 말할 정도예요. 반면에 둘째 민국(만 4세)은 책을 싫어하는 것 같아서 좀 실망입니다. 주말에 남편과 번갈아 책을 읽어주는데, 전혀 집중하지 않습니다. 민국이가 책과 친해지도록 어떻게 유도해야 할까요?

무조건 책 읽기를 기대하며 어린 자녀에게 다양한 책을 사주는 부모님이 생각보다 많습니다. 대부분 학부모가 독서를 학습과 관련지어 생각하므로 아이가 책을 좋아하면 흡족해합니다. 그러나 책 읽기는 정적 활동으로 장시간 앉아있는 것 자체가 커가는 아이의 신체 발달에 부정적 영향을 미칩니다. 자녀가 독서를 많이 하고 공부를 잘하는 대신 움직임의 결핍으로 몸이 허약해진다면 이를 좋아할 부모가 있을까요?

큰아들 민호가 집안의 '거실 도서관'에서 소위 '독서 영재'로 자라느라 몸이 허약해지지 않도록 주의하셔야 합니다. 이에 비해 둘째 아들은 지극히 정상적인 발달 과정을 밟고 있으니 안심하셔도 됩니다. 영아(만 3

세 이하)는 주변 인물과 상호작용하며 환경을 알아갑니다. 유아(만 3~5세)는 모든 감각 활동을 통해 세상을 직접 경험해야 건강하게 자라납니다. 아이를 차분하게 앉혀놓고 책을 읽어주려는 시도는 오히려 성장 발육을 방해합니다.

라르고는 소아청소년과 의사로서 기존 학교와 아동 학습이 달라져야 한다고 피력합니다. 종단연구 결과에서 만 6~10세까지 움직임의 양이 최고에 도달하며, 만 15세까지 아이의 움직임이 최대한 보장되어야 아동의 발달에 바람직하다고 강조합니다. 특히 영유아, 아동의 발달 과정에서 책 읽기를 권장하면 아이의 활동량을 인위적으로 줄이는 결과를 가져오기 때문에 자녀의 외적·내적 발달에 바람직하지 않습니다.

# 私교육이
# 死교육된다

우리나라 사교육 문제는 해마다 거론되지만, 당장 그 해결책은 없어 보입니다. 그래도 희망은 있습니다. 여러분이 문제를 해결하는 주인공이 될 수 있기 때문이죠. 사교육을 무시하고 그 대열에서 빠지려면 용기가 필요합니다. 그 용기는 어디서 나올까요? 취학 전까지 영유아 자녀를 위해 투자하는 사(私)교육이 내 아이를 죽이는 '사(死)교육'임을 확실히 인식한다면, 교육 광풍에 빠진 우리 현실은 달라질 것입니다. 자녀교육은 언제 시작해야 적절하다고 생각하시나요? 빠를수록 좋다고 여기시나요? 영유아기부터 일찍이 사교육을 시작해 비용을 지출하는 것은 소금 위에 물 붓는 격입니다. 후유증을 생각해야 합니다.

모래 위에 물을 부으면, 붓는 대로 물이 쑥쑥 빠져서 모래는 아무 변화 없이 그대로 있습니다. 콩나물 키우는 시루 위에 물을 부으면, 역시 잘 흘러내립니다. 그 덕분에 콩나물은 조금씩, 눈에 띄지 않게 서서히 자랍니다. 모래를 통과할 때 별다른 작용을 하지 않는 물이 콩나물시루에는 긍정적 효과를 가져옵니다. 이와 다른 속성의 물질, 즉 소금 위에 물을 부으면 어떻게 되나요? 소금을 통과할 때 물은 소금 결정체를 빠르게 녹여버립니다.

최근 한 어린이집에서 진행된 부모교육에서 사교육 문제를 생동감 있게 지적하느라 이렇게 비유적으로 설명한 적이 있습니다. 영유아 시기의 사교육이 얼마나 위험한지 부모님께 확실히 알려드리고 싶었습니다.

해마다 1~5세 영유아 사교육비는 초·중·고등학생 사교육비의 증가폭과 비교하면 기하급수적으로 늘고 있습니다. 한국은 세계에서 국내 총생산(GDP) 2.2퍼센트를 영유아 사교육비로 지출하는 유일한 나라가 되었습니다. 만 2세 미만 영아의 41.9퍼센트가 사교육을 받고 있습니다. 만 3세 이상 유아를 둔 가정의 86.8퍼센트가 사교육을 시킵니다. 이것은 가정 방문 과외뿐 아니라, 유치원과 어린이집 등의 보육시설에서 특별활동을 통해 다양한 형태로 이루어집니다. 유아 1인당 월평균 교육비로 44만 원을 지출하는 현실(2016년 통계)에서 사교육비를 지출하는 부담까지 생각하면 추가 출산을 포기하는 가정이 급증한 상황도 당연해 보입니다.

자라나는 아이에게 사교육비를 비정상적으로 쏟아붓는다는 뉴스가 나오면 사람들은 잠시 주목하며 새삼 놀라는 반응을 보입니다. 하지만 며칠 지나면 시사성이 없는 통계자료로 다시 묻혀버립니다. 더 늦기 전에 영유아 사교육 열풍이 과연 누구를 위한 것인지 되물어야 합니다. 과도하게 쏟아붓는 '사교육의 물'이 아이에게 어떻게 작용하는지 심각하게 보아야 할 때입니다. 어린아이의 개별성이 만들어지기도 전에 아이의 미래를 서서히 체계적으로 녹여버릴 수 있기 때문입니다.

어린 자녀에게 제공하는 조기교육용 학습지나 여러 가지 방식의 영어

교육 등은 다양한 부작용을 가져올 수 있습니다. '배움의 적기'를 무시하고 조기교육을 많이 받은 아이는 취학 후 언어능력, 창의성과 사회정서 면에서 문제를 보입니다. 선행학습 위주의 교육은 학습 스트레스, 주의 집중력 약화와 문제해결 능력 저하를 가져온다는 연구 결과는 이미 잘 알려져 있습니다.[13]

부모의 불안증을 달래는 용도로 시작한 소소한 사(私)교육은 어린 자녀에게 공부의 짐을 일찍부터 무겁게 지우는 것으로, 마침내 아이 개인의 특성을 죽이는 사(死)교육이 될 수 있음을 인식해야 합니다. 젊은 부모층은 '아이 존중'의 관점에서 새로운 질문을 던져야 합니다. 상업화된 사교육의 기존 흐름을 따르기보다 내 아이 안에 있는 고유성과 잠재력을 믿고 기다리는 교육적 확신이 필요합니다. 특히 엄마는 공부 잘하는 아이로 키우려는 강박증을 버리고, 내 아이를 지켜주어야 합니다.

아이다운 호기심을 가지고 세상을 탐색하며 놀 때, 아이는 가장 편안하게 성장합니다. 나아가 저마다 다양하게 타고난 재능이 손상 없이 피어날 것입니다. 이것이 훗날 '파괴적 혁신'을 위한 저력으로 이어질 수 있습니다.

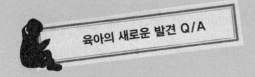
남편이 이직하면서 두 아이를 데리고 지방으로 이사 왔습니다. 다행히 인근에 영아전담 어린이집과 유치원이 있어서 육아 문제는 잘 해결되었습니다. 그런데 한 가지 고민이 있습니다. 서울 유치원의 특별활동 프로그램이 너무 많아서 불만이었는데, 시골에서도 아주 다양하게 진행되네요. '놀이, 경험, 활동 중심의 교육'이라고 강조하면서 미술퍼포먼스, 영어, 가베, 유아체육, NIE활동, 구연동화, 아동미술, 도자기, 요리활동, 음악 등 서울만큼 많은 것 같아요. 비용도 부담될 뿐 아니라 매일 오후 두서너 개 정도 프로그램을 돌리는 게 큰아이에게 유익한지 의문입니다.

이사해서 환경도 낯설고 성격이 예민한 편인데, 특별활동 선생님이 과목마다 자주 바뀌면 아이가 부담스러울 것 같아요. 사교육 가짓수가 많을수록 아이에게 과잉행동, 신경질, 공격성이 적잖이 발견된다는 정보도 들은 터라 걱정입니다.

원장님께서는 당연히 부모님의 선택이라고 친절하게 말씀하셨지만, 거부하지는 못했어요. 집에서라도 실컷 놀게 하려고 맘먹었다가 결국 내년에 입학할 것을 생각해서 학습지를 신청했네요.

국공립 어린이집이든 민간 공공형 현장이든 사립 유치원이든 모두 특별 활동 프로그램을 제공합니다. 활동의 종류, 횟수, 교재교구는 원마다 다르다지만 요즘 전국적으로 비슷합니다. 유아교육 현장에서는 직장맘이나 초보맘의 요구에 따라 다양하게 운영하는 추세입니다. 그러나 필수 사항이 아니므로 내 아이에게 무리라고 여기면 굳이 선택하지 않으셔도 됩니다. 이런 상황의 심각성을 이렇게 표현하는 교사도 있습니다. "유아교육 현장에서 교사가 아이들과 직접 만나지 못하고, 특별활동을 위한 '관리인' 역할을 하는 것 같다." 우리는 현장의 목소리를 새겨들어야 합니다. 그런데도 엄마가 주말에 사교육을 시키거나 문화센터 프로그램에 아이와 참석하는 경우가 많습니다. 자라는 아이에게 활동만큼 쉼도 중요하므로 과잉 자극은 지양해야 합니다.

현명한 양육자라면, 여러 가지 특별활동 프로그램을 마치고 귀가한 내 아이가 정서적으로 얼마나 지쳐있는지 살펴보아야 합니다. 날마다 아이의 상태를 고려하여 가정에서 심신을 회복할 시간과 편안한 분위기를 만들어주어야 합니다. 집에서까지 학습지를 풀게 하거나 텔레비전을 보여주는 일은 가급적 피하세요.

# 유아를 위한
# '선행교육 규제법'은
# 없나요?

2014년 3월에 '공교육 정상화 촉진 및 선행교육 규제에 관한 특별법'이 제정된 것 자체가 지극히 한국적인 교육열을 대변해줍니다. 규제법 시행 3년 차에도 학원가의 선행교육 광고는 여전합니다. 86퍼센트 이상의 중·고등학생이 영어와 수학 과목을 위해 학원에 다니는 게 우리의 현실입니다. 학부모층은 사교육비에 시달리면서도 처음부터 선행교육 규제법에 그다지 주목하지 않았습니다.

"선행교육 금지법은 실효성이 없어요. 당장 영재학교나 과학고 입시만 봐도 그래요."

"맞아요. 논술고사 보는 대학들에서도 선행교육 규제법을 어겼다는데 별 조치가 없는 것 같네요. 애당초 이런 법적 장치에 얼마나 효과가 있는지 의문이었어요."

중·고등학생 학부모가 선행교육 규제법이 무용지물이나 다름없다고 문제를 제기하는 가운데, 유아기 자녀를 둔 학부모는 국가시책인 '누리과정'에 예리한 질문을 던집니다.

누리과정이 하루 4시간으로 연장 운영되는 게 정말 괜찮은지 모르겠어요. 큰아이가 유치원 다닐 때, 7차 유아교육과정 때문에 문자교육과 학습지에 은근히 시달렸어요. 영어도 하고, 방과 후 특성화 활동도 많았어요. 그래서 둘째는 학습에 비중을 많이 두지 않는 어린이집을 선택했는데, 서서히 유치원 생활과 비슷해져서 실망입니다. 결국 취학 전 아이에게 누리과정으로 문자와 수 개념 등 이것저것을 준비하게 만들잖아요. 물론 지적 교육을 원하는 학부모도 많겠지만, 저는 개인적으로 반대거든요.

어린 자녀에게 무엇이 좋은지 나름대로 고민하는 부모는 지금까지 '현실적 절충안'을 선택해왔습니다. 어릴 때는 잘 놀아야 하니까 놀이 중심의 보육을 하는 어린이집에 보내다가 만 5세가 되면 초등학교 준비를 위해 유치원으로 바꾸는 경우가 많았습니다. 유치원에서는 당연히 교육에 비중을 두어 '자연스럽게' 취학 준비를 해준다고 믿기 때문입니다. 많은 현장에서 단계별 학습지를 통해 글자와 수 개념을 깨우치는 데 힘쓰고 영어까지 어느 정도 가르쳐주니까 안심한다는 뜻입니다.

그런데 '국가 수준의 누리과정'을 도입한 이후 영유아 보육·교육 현장에 기이한 현상이 나타났습니다. 어린이집과 유치원의 교육과정에 별 차이가 없다고 여기는 학부모는 만 5세 자녀를 구태여 번거롭게 유치원으로 보내려 하지 않습니다. 그래서 사립 유치원은 보육 현장과의 '차별

화'를 위해 더 많은 프로그램을 추가로 운영합니다. 오후에 누리과정을 넘어선 특별 학습지뿐 아니라 평균 다섯 개 이상의 예체능 프로그램을 아이들에게 시키는 곳이 많습니다. 물론 활동 중심인 병설·단설 유치원도 있지만 사립 유치원에서는 학부모의 요구에 맞추어 학교 갈 준비를 더 철저하게 해준다고 홍보합니다.

같은 이유로 어린이집 현장 역시 표준화된 누리과정 이외에 다양한 활동을 제공하며 유치원과 교육과정이 동일함을 부각하는 곳이 많아졌습니다. 이와 같은 특별활동의 비용은 어쩌면 공인된 사교육비입니다. 이래저래 우리 아이들은 유아기부터 선행교육을 받는 분위기에 놓여있는 셈입니다.

공통 누리과정은 유치원과 어린이집에서 차별 없이 '정책적으로' 유아 복지를 실천한다는 취지로 시행되고 있지만 선택의 여지 없이 자녀 교육 방법이 '표준화'된 현실이 우려됩니다. 아이의 자연스러운 발달과 성숙을 존중하기보다 유치원과 어린이집 구분 없이 '취학 준비'를 더 체계적으로 하는 셈입니다.

국가 수준의 교육과정인 누리과정은 '세계 수준'의 유아교육을 향해 확장되어야 합니다. 누리과정이 국가의 통제를 받으며 시행되기보다 유아교육 현장을 위한 제안으로 존재해야 합니다. 유아보육과 교육의 다양성을 존중하며 각 현장에서 상황에 따라 자율적으로 운영하는 융통성을 발휘해야 저마다 다른 아이들의 성장 발달에 더 유익하지 않을까요?

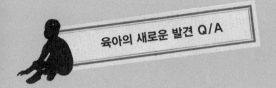

**올해 큰아이가 2학년이 되었습니다. 지훈이는 글씨와 숫자를 전혀 모르는 채 입학했습니다. 작년을 돌아보면 큰 사고 없이 학교에 적응해줘서 고마울 뿐입니다. 담임선생님께서 아이를 그대로 받아주셨기에 가능했다고 생각합니다. 그런데 글씨를 늦게 배운 아이가 요즘 책에 너무 빠져들어서 걱정입니다. 그대로 허용해도 좋을까요? 아니면 운동이라도 시켜야 하나요?**

우리나라에서 이런 자녀교육관을 끝까지 관철하기는 쉽지 않았을 텐데, 성공적인 사례네요. 대부분의 학부모가 취학 전에 적어도 글자는 알아야 한다고 생각해서 지적 능력이 자연스럽게 성숙하는 때를 기다려주지 않습니다. 부모 관점으로 취학 준비를 너무 잘 시키면 뜻밖에 아이가 학교생활에 적응하지 못하는 경우가 많습니다. 특히 수업 참여도, 동기 유발 능력이 부족해서 산만한 학습 태도를 보이기 쉽다는 것이 현장 교사의 보고입니다.

지훈이가 학교에 들어가 자연스럽게 문자를 터득하고 책 읽는 재미 역시 이제 느끼는 듯합니다. 자신의 상상력을 발휘하여 독서에 몰두하는 것이므로 바람직한 현상입니다. 물론 아이 발달에 충분한 움직임이 중요하지만 그렇다고 운동을 '강요'하면 좋지 않습니다.

# 만 3~5세 '누리과정',
# 누구를 위한 제도일까요?

정부가 복지 차원에서 새롭게 시행하고 있는 유아교육 제도의 문제를
다각도로 살펴보아야 할 때입니다. 유아를 중심으로 생각할 때 새로운
제도가 과연 어떤 모순과 문제점을 담고 있는지 학부모, 원장과 교사는
따져 보아야 합니다. 나아가 의식 있는 민주시민이라면 세계화에 걸맞은
다양한 발상을 정부 측에 제안해야 마땅합니다.

  하나의 예로 누리과정 만족도를 보면 교사, 학부모의 만족도가 그다
지 높지 않습니다. 왜 그럴까요?

  첫째, 학부모는 누리과정을 홍보하는 문구 가운데 "소득수준과 관계
없이 모든 계층에 보육료와 유아학비를 지원한다"는 대목에 크게 환영
했습니다. 실제 어린이집의 보육비용을 보면 추가 특별활동비를 이미 제
한했기 때문에 정부 지원의 혜택을 어느 정도 받았다고 생각됩니다. 하
지만 사립 유치원 비용의 실상을 들여다보면 특별활동비 명목으로 추가

로 걷는 비용이 많아서 정부 지원금과는 차이가 큽니다. 국공립 병설 유치원을 제외하고 대부분의 사립 유치원이 정규 교육비 외의 다른 부대 비용을 올렸기 때문입니다. 정부의 지원 정책에도 학부모의 유아교육비 부담은 예전과 다를 바 없습니다.

둘째, 유치원과 어린이집의 원장, 현장 교사 역시 대체로 누리과정의 도입을 환영했습니다. 이들은 "누리과정 절대 어렵지 않아요~!"라고 말합니다. 왜냐하면 국가가 하나의 교육목표를 세우고, 그에 맞는 활동계획안과 구체적인 예시까지 주었기 때문입니다. 컴퓨터 프로그램에 동영상 DVD, PPT 등 다양한 수업자료를 제공하고 있어 교사는 하루에 약 두 시간 정도 활동 예시를 그대로 적용하면 됩니다. "그냥 그렇게, 아무 생각을 하지 않아도" 수업이 가능합니다. 상황에 따라 아이들은 컴퓨터를 보며 과제를 수행하기도 합니다. 예를 들어 누리과정의 자연탐구 영역에서 '개구리 우는 소리'를 배우는 시간이 있습니다. 교사가 시청각자료를 사용하기 위해 컴퓨터 프로그램을 켜면 다섯 가지 종류의 개구리 소리를 다운받을 수 있습니다. 나라에서 보육교사의 편의를 위해, 즉 교사가 교육자료를 준비하는 데 드는 시간과 수고로움을 덜어주기 위해 이미 교육계획안을 수립하고 완성된 활동자료를 제시해준 것입니다.

그런데도 교사의 누리과정 만족도는 높지 않습니다. 보육보다 교육에 역점을 둔 유치원에서는 이미 누리과정과 비슷하게 7차 교육과정을 실천해왔기 때문에 굳이 따로 적용할 필요가 없다는 여론이 강합니다. 전국교직원노동조합이 한 달간 공통과정을 시행한 국공립 유치원 교사 137명을 대상으로 벌인 설문조사에 따르면 80퍼센트 이상이 누리과정의 도입이 "만족스럽지 않다"고 응답했습니다.

유치원이든 어린이집이든 현장 교사가 수업 구성의 부담을 덜고 표준화된 누리과정의 교육 내용을 융통성 있게 실천한다고 해도 사실은 유아교사에게 주어진 모범 계획안을 '성실하게' 수행하는 '교육기능인'이 되는 쪽으로 유도하는 게 아닐까요?

셋째, 아이 관점에서 기존 유치원의 7차 교육과정이나 어린이집의 표준보육과정은 말 그대로 획일적으로 표준화된 과정을 제공받는 것이었습니다. 국가가 지원하는 누리과정 역시 '수준 높은 보육·교육 프로그램'이라고 홍보했지만, 아이들은 결국 주어진 교육의 틀 안에 들어가게 되었습니다.

누리과정 시간에 실내에서 기계를 통해 울려 나오는 개구리의 다양한 울음소리를 들었다고 해서 아이가 실제 개구리를 탐구했다고 할 수 있을까요? 컴퓨터 자료를 통해 몇 가지로 구별된 개구리 소리를 경험했다고 볼 수 있으나 자연에서 들리는 소리를 체험할 때 생겨나는, 자연에 깃든 신비와 조화에 대한 경이로움이 아이의 내면에 자라지는 못할 것입니다.

교사 재량으로 아이 수준에 맞게 교육과정을 적용한다 해도 모두에게 공통으로 주어진 교육 내용이 대한민국의 만 5세 아이들을 표준화된 모양으로, 똑같은 생각의 틀을 가진 사람으로 자라나게 하지 않을지 우려됩니다. 이처럼 내부 시각에서 바라볼 때 누리과정은 그다지 효과적이지 못합니다. 단지 외부 시각에서 "영유아의 보육과 교육은 나라가 책임진다"는 정치 구호를 일부 실천했다는 인상을 줄 뿐입니다.

저희 부부는 취학 전에 아이가 지적 교육에 노출되지 않도록 유치원 대신 어린이집을 선택했습니다. 지금 4학년인 큰아들은 결국 문자교육 없이 초등학교에 입학했습니다. 유아기에는 건강하게 뛰어놀길 바랐기 때문입니다. 둘째 아들도 지금까지 문자교육에 전혀 무관심한 상태였습니다. 그런데 어린이집에 도입된 누리과정의 영향인지 요즘 아이가 집에 와서도 부쩍 문자를 알려고 하네요. 주말에는 글자를 알려달라고 조르기까지 합니다. 이럴 때 집에서 아이에게 문자를 가르쳐 주어야 하나요? 누리과정이 조기학습을 부추기는 것 같아서 개인적으로 그다지 반갑지 않습니다.

우리 사회에서 보기 드물게 자녀교육관이 확실한 부모님이시군요! 요즘은 많은 학부모님이 조기입학은 아이에게 유익하지 않다는 데 동의하십니다. 그러면서 가정에서는 선행학습이나 지적 조기교육을 중요시하는 것은 대단히 모순된 사고입니다. 학교에 일찍 들어가면 아이가 위축되어 나쁘다고 말하지만, 이것은 피상적인 이유일 뿐입니다. 취학 전에 문자 교육과 수 교육을 시작하는 것 역시 아이에게 조기입학과 같은 영향을 미칩니다.

물론 누리과정에서도 지적 학습은 하지 말라고 합니다. 그러나 분명 아이들에게 지적 자극을 준다는 취지는 확실합니다. 이런 맥락에서 학부모님 역시 누리과정의 문제점을 꼼꼼하게 따져 보아야 합니다. 어머님은 문자교육을 원하지 않는데 아이가 문자를 알려 달라고 조르면, 기분 전환으로 함께 산책하러 나가세요. 산책이 문자 익히기보다 아이 발달에 훨씬 유익하니까요.

# 007

|

# 만 7세 아이의
# '이유 있는' 짜증
# 대처법

큰딸 근영이가 10월생인 데다가 조금 내성적이라 입학한 후 학교에 적응하는 기간 내내 걱정이 많았어요. 직장맘이라서 아이에게 충분한 시간을 내주지 못해서 불안한 마음이었지만, 첫 학기에 그런대로 잘 적응한 것 같아서 다행스럽게 생각합니다. 몇 개월 사이에 키도 컸고 더 의젓해진 느낌입니다.

그런데 요즘 집에 오면 자꾸 투정 부리고 툭하면 이유 없이 울어버립니다. 동생과 놀다가도 갑자기 짜증 내고, 가방 챙기다가 제 맘대로 안 된다고 혼자 소리 지르기도 해요. 평소 차분하고 조심성 있는 성격인데 넘어지고 어딘가에 부딪혀 멍드는 일도 잦고 좀 부산해진 것 같아요. 유치원 시절부터 혼자 양치질하고 잠옷 갈아입고 잠자리 준비를 잘하던 아이가 가끔 이 닦기 싫다며 떼쓰고, 이불 뒤집어쓰고 훌쩍대기도 해서 심상치가 않아요. 아이를 달래면서 왜 그런지 물어보니까 자기도 모르게 울음이 나온다고 해요.

혹시 학교생활이 어려워서 그런지, 제가 무엇을 도와주어야 하는지 참 답답합니다. 이런 상태가 계속되면 심리 상담치료를 받아야 하나요? 그런데 최근에 아랫니 두 개가 동시에 흔들리고 있어요. 혹시 이럴 때 아이가 더 예민해질 수도 있나요?

유아교육 현장을 떠나 학교생활을 시작한 것은 아이에게 커다란 도전입니다. 유아기는 익숙하고 제한된 공간에서 어른의 보호를 받으며 자유로운 생활을 허락받은 상황입니다. 이에 비해 아이에게 학교는 낯설고 커다란 활동공간이므로 입학은 벅찬 변화입니다. 새로 만난 또래 아이들에게 적응해야 하고 수업 시간의 구성뿐 아니라 학교생활 규칙을 따라야 하므로 아이가 긴장할 수밖에 없습니다.

유아기에서 아동기로 전환하는 초등학교 1학년의 심리 상태를 고려한다면 가정에서 아이를 너무 엄격하게 대하지 않는 게 좋습니다.

이를테면 "초등생이 되었으니 더 씩씩해져야지, 이런 것은 이제 스스로 하는 거야, 네 의사를 똑바로 전달해야지, 엄마는 믿고 있어! 이런 것쯤은 너 혼자 충분히 할 수 있어!"와 같이 무심코 또는 의식적으로 던지는 주변 어른의 말은 아이 마음에 부담을 가중하기 쉽습니다.

다른 한편 만 6~7세 전후에 유치 갈이가 시작됩니다. 발달의 개인차는 있지만 대부분 초등학교 1학년 시기에 나타나는 이갈이 현상은 아이에게 커다란 신체 변화입니다. 아이가 태어날 때 부모에게서 받은 유치를 버리고 말 그대로 영구히 사용할 자신의 치아인 '영구치'로 바꾸는 일생일대의 큰 작업입니다. 즉, 아이의 잇몸이 제힘으로 유치를 밀쳐낸 후 새로운 치아로 교체하는 의미심장한 과정입니다. 이 시기에 소위 젖살이 빠지면서 어린 티를 벗어납니다. 이를테면 동글동글한 얼굴이나 통통한 뱃살, 통통한 손가락이 자신만의 모양을 보이기 시작합니다. 몸 전체의 근육과 골격이 성장 변화를 겪습니다. 표정이나 몸의 움직임 등 아이의 모습 전체가 미끈하게 달라집니다.

외형의 변화와 함께 이 시기 아이의 내면에는 무슨 일이 일어날까요? 치아가 흔들리는 것은 누구나 겪는 일이므로 집이나 치과에 가서 빼주면 된다고 단순히 생각하며 대수롭지 않게 여기는 경우가 많습니다. 그런데 이 시기 아이는 외적 변화만큼 다양한 내적 변화를 겪습니다. 주변의 어른은 이 부분을 주목해야 합니다.

이갈이와 함께 아이에게는 서서히 자신만의 외형, 신체 특성이 하나씩 드러나면서 고유한 성격이나 정서가 형성됩니다. 이런 토대를 만드는 과정에서 아이는 투정, 고집, 반항, 어른과 힘겨루기, 집중력 약화와 산만함 등 소위 '미운 일곱 살' 증상을 자주 표출합니다. 또한 무엇이든 혼자 하려고 애쓰다가도 가끔 퇴행하는 모습을 보입니다. 어떤 날은 갑자기 무섭다고 어른과 함께 자려 하고, 잘 놀다가도 시무룩해지고, 동생만 예뻐한다고 질투하면서 사소한 것에 투정 부립니다. 만 7세 전후 아이가 보이는 '이유 없는' 짜증과 울음은 내면의 성장을 위해 발산하는 과정이므로 충분히 '이유 있는' 현상입니다.

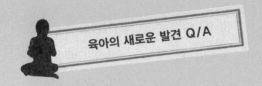

만 5세반 아이들이 누리과정 시간만 되면, 더 방방 뛰고 어수선해
집니다. 바람잡이 역할을 하는 찬우의 영향이 대단히 큽니다. 찬우
는 생일이 빨라 맏형 노릇을 합니다. 붙임성 있는 성격으로 작년까
지 자유놀이 시간에 동생들을 잘 챙기고 선생님도 곧잘 도와주었는
데, 요즘 들어 말썽이 심해졌어요. 그래서 하원할 때까지 하루 한
번은 꼭 훈육하게 되네요. 잘 노는 애들을 괴롭히고 간식 시간에 우
유를 쏟고, 바깥놀이 나가서 친구들을 골탕 먹이다가 저 혼자 넘어
져서 울기 시작하면 길게 통곡합니다. 거의 보름째 조용히 지나가는
날이 없습니다.

처음 아랫니가 빠진 두 달 전쯤에도 이런 증세를 보이다가 이갈이를
한 다음 아주 의젓해졌던 기억이 있습니다. 놀랍게도 오늘 등원할
때 찬우 어머니가 귀띔해주시더군요. 윗니가 흔들린다고. 이럴 때
아이의 산만한 행동을 어떻게 지도해주어야 하나요?

유아교육 현장은 정해진 하나의 교육 프로그램을 의무적으로
채우는 곳이 되어서는 안 됩니다. 아이는 자신의 발달 속도에 맞게 자유
로운 생활을 보장받아야 마땅합니다. 아이에게 현장은 집을 대신하여 세
상을 직접 경험하고 선생님의 사랑과 보호를 받으며 편안하게 자라는

생활공간이어야 합니다. 현장 교사는 아이에게 엄마를 대신하는 관련 인물로서 내면에 애착 관계를 형성해주는 존재입니다. 국가 차원에서 주어진 표준보육과정, 7차 유아교육과정이나 유아교육과 보육을 통합하는 일환으로 제공되는 누리과정은 아무리 융통성을 발휘하여 창의적으로 실행한다 해도 하나의 형태로 '표준화'된 내용입니다. 따라서 아이들의 개별적인 발달을 고려하기보다 이미 연령별로 일정하게 만들어진 내용을 전달해야 하는 형편입니다. 아이의 발달 상태는 저마다 다르므로 누리과정 시간에 선생님에게 집중할 수 있는 정도와 시간이 제각기 다르다는 사실을 인정해주어야 합니다.

양질의 육아를 위해 가정에서 내 아이의 관찰이 필수인 것처럼 다수의 아이가 모이는 유아교육 현장에서도 교사가 아이들을 세심하게 관찰할 때 질적 보육·교육이 가능합니다. 찬우가 이갈이 시기에 유난히 눈에 띄는 행동을 하는 경향을 관찰한 것은 다행한 일입니다. 교사가 아이의 두드러진 행동이 이갈이 시기의 전형적인 특징임을 고려하면 꾸중하기에 앞서 포용할 수 있습니다.

이 시기에는 훈육하기보다 몸을 움직이는 계기를 많이 만들어주도록 돌봐야 합니다. 예를 들어 바깥놀이에서 줄넘기와 공놀이도 효과적입니다. 벽에 공을 던지는 놀이는 혼자서도 즐길 수 있습니다. 바깥 산책길에 찬우만 먼저 뛰어갔다가 다시 그룹으로 돌아오게 하면, 내적 만족도가 커지고 움직임으로 에너지를 발산하여 좀 더 차분해질 수 있습니다.

# 만들어진 영재,
# 엄마의 기대와 착각

시댁에 방문하기가 점점 부담스럽네요. 이제 3학년이 된 큰아이에게 시어머님께서 보이는 기대가 서서히 노골적으로 바뀝니다. 동갑내기 외손녀가 유명한 영재 검사기관에 접수해서 대기 중이라는 말씀을 저희 가족을 볼 때마다 강조하십니다. 게다가 당신 친구 며느리들은 아이를 영재반에 진입시키기 위해 유아기부터 요일별로 수학 교실, 과학 놀이학교 등 여러 가지를 준비하는데, 고집 센 우리 며느리가 똑똑한 내 손자를 둔재로 만들 참이냐고 핀잔 섞인 말씀을 자주 하십니다. 그래도 남편의 교육관은 저와 일치하고 흔들리지 않아서 다행입니다. 남편은 자신을 시어머님의 지나친 교육열 때문에 조기교육에 시달린 피해 당사자라고 표현합니다. 그래서 누구와 비교할 것 없이 아이 셋 모두 유치원 시기는 물론이고 초등학교 저학년까지 자유롭게 실컷 놀아야 한다는 생각이 강합니다.

그런데 요즘 저는 맹랑한 생각을 자꾸 합니다. 어찌 된 일인지 아이를 영재로 키우라는 시어머님의 성화가 요즘 제 귓전에 맴도네요. 큰아이가 정말 똑똑해 보인다는 주변의 칭찬이 전처럼 예사롭게 들리지 않아요. 혹시 태평스런 우리 부부의 프레임에 갇혀 아이의 재능이 과소평가되고 억압당하고 있지 않은지 자문해봅니다. 아이 인생의 큰 프로젝트는 타이밍이 중요하다는 생각도 들고요! 시어머님의 소망대로 더 늦기 전에 영재 대열에 진입하도록 시도해보아야 할까요?

교육열 세계 1위인 나라에서 학부모는 자연스럽게 자녀의 영재성과 특별한 재능에 일찍부터 주목하며 일단 기대를 합니다. 이때 부모의 순수한 기대가 착각으로 변하지 않도록 주의해야 합니다. 우리 사회에는 영재성이란 타고나기보다 만들어진다는 믿음이 지배적입니다. 교육열 높은 학부모는 '영재 만들기'를 위해 조기교육과 선행학습을 체계적으로 시작하며 자녀가 시험문제를 빨리 잘 풀어서 영재반에 들어가길 간절히 소망합니다.

학원의 훈련으로 만들어진 한국형 수재가 세계적으로 말하는 영재의 자질을 얼마나 지니고 있을까요? 영재교육 석학이자 미국 국립영재연구소장 조지프 렌줄리(Joseph S. Renzulli)는 영재의 세 가지 기본 자질을 이렇게 정의합니다. 우선 뛰어난 지적 능력을 바탕으로, 주어진 문제에 열정과 에너지를 가지고 집중하는 특출한 과제 집착력을 보이며, 문제 접근에서 아주 높은 창의적 사고력을 발휘할 수 있다고 말입니다. 이런 자질은 우리 교육풍토에서 흔히 목격되는 영재성 계발을 위한 체계적·종합적 관리나 영재원 대비 문제집으로 훈련할 때 쌓아지는 능력과 거리가 멉니다.

현재 우리나라에서 시행 중인 우수인재 육성 정책이 사회에 얼마나 융화되는 창의적 인재를 키워낼 수 있는지 진지하게 생각해보아야 합니다. 학부모의 교육열과 맞물려 해마다 높아지는 이른바 영재학교의 경쟁률은 아이의 자발적 선택이라기보다 부모의 선망에 따른 시도임이 틀림없습니다.

더욱 심각한 것은 아이가 영재학교 진학에 이르기까지 거쳐야 할 단계와 관문 앞에서 겪는 부작용입니다. 영재교육원 기초과정 및 대학 부설 심화학습 과정 등 정해진 코스를 준비하며 초등학교 고학년에 벌써 고등과정 수학을 공부해야 합니다. 유아기부터 초등학교, 중학교 과정에서 그런 도전을 하다가 도중에 탈락하는 사례도 적지 않습니다. 어려운 과정을 '쉽게' 통과한다고 해도 과중한 학습이 성장기의 아이에게 어떤 영향을 미칠지 되물어야 합니다.

영재로 자라기 위한 단계별 조기교육과 빈틈없이 꽉 짜인 선행학습은 아이에게 무엇을 요구할까요? 여기에 도전하는 아이는 대부분 또래보다 더 강한 참을성과 이해력을 포함해 강도 높은 부담감을 지니고 학습해야 합니다. 과도한 부담감은 신체 성장에 직접 영향을 미칩니다. 아이 안에 담긴 재능이 어떤 종류든 그것의 계발은 신체 발달을 전제로 이루어져야 합니다.

영재성은 결코 발굴이나 육성의 대상이 아닙니다. 특출한 재능이나 영재성은 오히려 경쟁의 장에서 방해받을 수 있습니다. 자연스러운 성숙이 미래에 역량을 발휘하는 데 훨씬 효과적일 것입니다.[14]

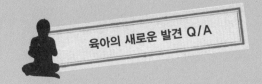
담임선생님의 추천으로 큰딸 민영이가 용기를 내서 교육청 영재원 시험에 도전했는데, 불합격했어요. 선행학습의 뒷받침 없이 이런 시험에 응시하면 안 된다는 걸 시험장에 와서야 깨달았습니다. 순진한 엄마가 무방비 상태로 아이를 실험대에 세웠다는 사실을 인식하고 나니 아이에게 미안하고 저 자신에게 부끄러웠습니다. 물론 아이는 몇 달간 수학 공부를 집중적으로 열심히 했지만, 조기교육과 선행학습으로 몇 년을 단련하며 준비한 아이들을 이길 수는 없었던 거죠. 처음에는 아이가 시험 결과에 태연하게 반응하더니 한참 지나서야 속상한 마음을 털어놓더라고요. 제 나름으로 상처받은 것 같아서 마음이 아픕니다. 상황을 자세히 모르시는 시부모님께서는 요즘 영재 발굴단 프로그램을 즐겨 보시면서 큰 손녀의 수학 영재성을 계속 계발해보는 게 어떠냐고 진지하게 말씀하시네요.

저출산, 고령화 사회에서 아이의 희소가치는 갈수록 높아지는 추세입니다. 그래서 임신과 출산, 육아, 자녀교육에 관련된 다양한 예능 프로그램이 늘 주목받으며, 양육의 실생활뿐 아니라 특출한 재능을 보이는 영재가 나오는 장면은 많은 시청자가 좋아하고 대리만족마저 느끼는 볼거리입니다.

내 아이의 재능을 관찰하고 이해하기보다 조금이라도 뛰어난 능력을 보이면 영재로 착각하는 부모가 많은 현실, 어떤 분야에 진짜 영재성이 있는 아이가 학원에서 일찍부터 훈련받은 아이에게 밀려나는 상황은 정말 안타깝습니다.

그래도 민영이가 자기 주도력을 발휘하여 몇 달간 혼자서 열심히 공부하고 도전한 일 자체가 대단합니다. 이런 과정을 반드시 인정하고 칭찬해주세요. 아이가 보여준 도전정신, 의연한 태도, 용기와 책임감과 같은 능력을 구체적으로 언급하며 이것이 훗날 수학뿐 아니라 다른 재능으로 피어날 수 있다고 격려해주시면 아이 마음에 긍정의 힘을 더해줄 수 있습니다. 잠재력은 경쟁하는 장에서 제대로 발휘되지 않습니다. 아이가 스스로 만족하며 의지를 가지고 자신의 능력을 계속 키워나가는 것이 중요합니다.

# 인공지능 시대의
# 자녀교육

2016년 3월 서울은 세계인이 주목한 역사적 사건의 무대였습니다. 바둑을 알든 모르든 우리는 세기의 대전을 함께 지켜보았습니다. 인간지능과 인공지능의 맞대결이니만큼 사람들의 긴장감은 고조되었고, 이 대형 사건은 약간의 허탈감과 긴 여운을 남기고 막을 내렸습니다. 그리고 국내에서는 '이세돌 신드롬'이 생겼습니다. 이런 사회적 신드롬이 만들어진 배경은 무엇일까요? 인간을 대표한 이세돌이 알파고에 3연패를 한 뒤 1승을 거두었기 때문에 그 의미가 우리에게 더 극적으로 다가왔을까요?

사람들은 첫 대결에서 인간 이세돌이 고뇌하는 참담한 표정을 읽어냈습니다. 세 번째 대국의 결과에 승복하는 그의 풀 죽은 모습을 목격했고, 네 번째 대국에서 새롭게 발휘한 도전정신과 의연함에 뿌듯해했습니다. 대국 전체에서 그가 보여준 것은 사람의 의지력과 투혼이었습니다. 인공지능 알파고 앞에서 굽히지 않는 도전정신과 흔들림 없는 투지, 노력은 사람만이 가질 수 있는 고유성임을 확인했고, 기계가 가질 수 없는 이세

돌의 순수한 인간미를 발견하며 감동했던 것입니다.

그뿐 아니라 기술문명의 발전을 막연하게 여기던 일반인도 딥러닝(Deep learning)이 가능한 '강한 인공지능'에 관심을 가지게 되었습니다. 미래의 삶을 구체적으로 상상하기 어려워도 대변환의 시기가 다가오고 있음을 실감하는 계기였습니다. 이세돌 신드롬은 각 매체를 비롯해 각 계각층으로 하여금 인공지능 시대를 준비하기 위해 기존의 사회·경제·문화를 분석하고 대책을 세우며 새로운 프레임을 만들도록 했습니다. 또한 급변하는 세상에 적응할 수 있는 인간상을 막연히 그리면서 미래 사회에는 똑똑한 '알파고형' 인재가 역량을 발휘할 수 없다는 사실을 자각하게 되었습니다. 나아가 미래 시각에서 교육은 어떤 방향으로 나아가야 합당한지 질문을 던지는 사람이 훨씬 많아졌습니다.

이런 상황에서 학부모는 자녀교육에 어떤 변화를 시도하고 있을까요? 표면적으로 알파고는 한국적 교육열풍에 큰바람을 일으켰습니다. 이세돌 신드롬 덕분에 어린이 바둑은 수영, 골프, 검도, 축구, 피겨스케이팅처럼 열풍 대열에 올랐습니다. 학부모들이 영재 바둑교실로 자녀의 사고력, 암기력, 논리력과 집중력을 높일 수 있다고 기대하기 때문입니다. 아이를 괴롭히는 부모의 과한 교육열은 알파고의 등장 전과 다름없이 뜨거워 보입니다. 다음은 초등학생들이 나눈 대화입니다.

> "엄마가 고등학교, 대학교 계획까지 다 짜놓고 그대로 공부하는 친구들도 많이 있잖아."
> "우리 엄마는 나보고 외고 가래."
> "나도 과학고나 외고 가는 걸 목표로 삼으라고 했어."

"특정 고교를 나오면 사회생활에 도움이 된대."

"학창시절에 공부 잘한 아빠 친구들이 지금 행복하게 사신다고 말씀하셔."

"내 친구는 아빠한테 칭찬받고 싶어서 정말 열심히 공부하는데 행복하지 않대. 요즘은 할머니까지 공부에 간섭하신대."

다양한 교육열풍을 만들어내는 학부모의 의식이 하루아침에 변할 수는 없습니다. 하지만 내 아이를 위한다고 생각하는 선행학습, 경쟁력 있다고 생각하는 특목고 선호 등의 맹목적인 교육관이 앞으로도 유효할지 생각해봐야 합니다. 인공지능 시대에 자녀교육이 어떤 방향을 지향해야 하는지 근본적인 점검이 필요한 시점입니다.

인간 대 기계의 대결에서 이세돌이 인상적으로 보여준 것은 두뇌회전이 아닙니다. 사람만이 가능한 자유의지와 창의성 그리고 결과와 관계없이 도전하는 용기와 열정이었습니다. 이것은 초등학생들의 대화에서 엿볼 수 있듯이 학부모가 자녀교육에서 중요시하는 가치와는 거리가 있습니다. 기존의 암기와 연산, 정보 획득 등 지식 학습은 이제 인공지능의 '기계학습'을 통해 더 효과적으로 이루어질 수 있습니다.

따라서 알파고 사건은 취학 후에 공부를 잘하도록 영유아기부터 조기교육을 하고, 초·중·고등학교 시험을 잘 보기 위해 예외 없이 선행학습에 주력하고, 교과서 지식을 암기하며 습득하도록 뒷받침하는 사교육이 자녀의 미래 삶에 얼마나 무의미한지 목격하기에 충분한 기회였습니다. 자라나는 아이에게 지적 능력보다 입체적 사고와 창의성, '사람다움'이 소중한 이유를 암시했습니다.

이번 대국을 기회로 학부모가 개인 차원에서 기존의 교육방식과 자녀교육관에 스스로 질문을 던질 때야말로 한국의 사교육 고질병은 서서히 치유될 수 있습니다. 그 첫걸음은 저마다 다른 재능을 내 아이에게서 찾아내는 노력입니다. 내 아이의 개별성을 있는 그대로 존중하는 새로운 시각이 필요합니다.

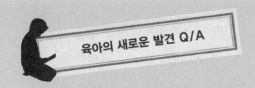

**시아버님이 워낙 바둑을 좋아하셔서 남편 역시 바둑광입니다. 일요일은 물론이고 틈만 나면 컴퓨터로 바둑프로그램을 봅니다. 이런 분위기에서 큰애 역시 취학 전 영유아 때부터 자연스럽게 바둑학원을 보냈죠. 또래보다 집중을 잘한다는 칭찬을 들으면서 몇 해 즐겁게 다니더니 3학년 후반기부터 바둑이 재미없다고 하네요. 친구들과 노는 것이 더 좋다고 바둑학원에 안 가겠다고 합니다. 남편도 동의해서 이번 달부터 학원을 중단했는데, 시댁 어른들이 이세돌의 바둑대결을 언급하시며 너무 안타까워하십니다. 저도 아쉬운 마음이에요. 시아버님 말씀대로 사고력, 집중력, 수리력, 공간지각 능력, 창의력과 인내심을 높여주기 위해 아이를 설득해서라도 바둑학원에 계속 보내야 할까요?**

바둑 집안에서 손자에게 바둑을 권하는 것은 자연스러운 현상입니다. 아이가 유아기부터 해오던 바둑을 3학년 후반기가 되어서 안 하겠다고 의사를 표시했다면 존중해주어야 합니다.

개인차가 있지만 초등학교 3학년 후반기는 아이가 내면의 변화를 겪는 시기입니다. 그동안 '나'를 중심으로 세상이 조화롭게 보이다가 이제 아이 스스로 외부세계와의 단절을 경험하기 시작합니다. 이런 상황에서 바둑보다 또래와 하는 놀이가 즐겁다고 말한 것은 바람직한 현상입니다. 그동안 아이는 집안 분위기 때문에 어린 나이에 정적인 활동에 속하는 바둑을 좋아한 것일 수도 있습니다. 이제 바깥세상에 눈을 돌려 친구들과 어울려서 몸을 움직여 놀고 싶은 욕구가 저절로 올라온 것입니다. 할아버지를 포함하여 어른들이 이런 성장을 반겨주셔야 합니다.

아이가 초등학교 시절에 자발적으로 무엇을 새롭게 시작하거나 어떤 취미활동을 중단하는 것 역시 자연스러운 행동 변화입니다. 바둑에 보이던 흥미는 얼마간 쉬었다가 어느 시점에 다시 동기 부여를 받을 수도 있습니다. 아이가 취미로 좋아하는 것을 몰입 교육으로 특성화하려는 시도는 어른의 욕심일 수 있습니다.

# OIO

|

# 내 아이의 기 살려주는
# 취학 준비

수도권에서 약 15년간 초등학교 교사로 근무하며 저학년 담임을 주로 맡았습니다. 해마다 현장에서 조기교육의 문제성을 뼈저리게 느끼고 있기에 늦둥이 여섯 살짜리에게 아직 이름 쓰기조차 알려주지 않은 상태입니다. 취학 전에 이루어지는 지적 학습은 유아기를 단축하고 큰 후유증을 남길 수 있기 때문입니다. 요즘은 학부모 입장에서 내 아이가 과연 새 학기에 어떤 담임선생님을 만날까 기대와 설렘이 오갑니다. 내심 저와 비슷한 교육관을 가진 선생님이기를 바라고 있습니다.

저의 교직 경험상 신입생 태반은 이미 문자와 수를 공부해 상당히 익히고 들어옵니다. 한글은 대부분 깨우친 상태이고 영어도 어느 정도 준비하고 입학합니다. 학습에 전혀 노출되지 않은 채 입학한 아이는 한 학급에 극히 드물게 있습니다. 그런데 공부를 많이 준비해온 아이일수록 지적 수준에 비해 다른 능력이 현저하게 뒤처져 있습니다. 신체를 움직이는 활동뿐 아니라 다른 아이들과 어울리기를 무척 힘들어합니다.

발도르프 육아예술

248

취학 연령의 자녀를 둔 부모는 연말이 되면 특별한 이유 없이(?), 또는 타당한 이유에서(!) 불안해지기 쉽습니다. 평소 자신의 교육관이 정말 올바른지, 아이에게 현재 무엇이 부족한지, 다른 아이들보다 뒤처져 있지 않은지 하는 생각이 들면서 갑자기 확신이 없어져 주변 정보에 바짝 집중합니다.

예비 학부모가 막연해하는 심리현상은 어디서 기인할까요?

해마다 11월 중순에 치르는 수학능력 시험은 전 국민이 주목하는 중대 사안입니다. 대한민국의 학부모는 바로 이날을 위해 자녀에게 차근차근 지적 선행교육을 뒷받침합니다. 국가의 교육제도 역시 같은 의도로 학생에게 지적 교육을 제공합니다. 유아기의 누리과정도 예외가 아닙니다. 공식적으로는 문자교육은 하지 않는다고 표명하지만 만 5세가 되면 '한글에 흥미를 갖게 하는 교육'을 지향하며 문자와 수 개념에 대한 호기심을 깨우려고 노력합니다.

이런 상황에서 많은 부모가 유아기부터 '유비무환'형 자녀교육을 선택합니다. 어릴 때부터 다양한 지적 교육을 시작하여 서서히 학습을 준비하게 합니다. 이때쯤에는 새 학기 입학을 위해 더 체계적으로 학습을 시킵니다.

그래도 유아기에는 지적 교육을 의식적으로 멀리하던 엄마들까지 이즈음 흔들리기 시작합니다. 즉, 어릴 때 실컷 놀아야 한다고 주장하다가 소신을 버리고 돌변합니다. 이름 정도는 쓸 줄 알아야 학교생활에 어느 정도 적응한다는 주변 사람의 입김 때문입니다. 갑자기 찾아온 불안감 때문에 엄마는 아이에게 강도 높은 지적 학습을 유도합니다.

가정마다 자녀교육관에 따라 취학 준비가 다양한 형태로 이루어지겠지만, 요즘 시기부터 입학 전까지 아이에게 무엇이 꼭 필요할까요? 예비학생에게는 지적 내용을 학습하는 것보다 더 소중한 일이 있습니다. 유아교육 현장과 질적으로 다른 학교생활의 적응을 위해 예비학부모는 아이의 내적 성숙을 관찰해야 합니다. 또한 아이가 학교에 호기심을 느낄 수 있도록 배려하며, 일상생활에서 무심코 던지는 말을 조심해야 합니다. 또래 아이들과 비교하는 말은 삼가야 마땅합니다. 일상에서 빈번히 하는 다음과 같은 표현에 어른의 세심한 주의가 필요합니다.

> 학교 가면 어떻게 하려고, 매번 늦장을 부리니?
> 이렇게 느리게 행동하면, 학교 가서 선생님한테 혼나는 거야!
> 친구들은 줄넘기를 스무 번도 넘게 하는데, 너는 겨우 이것밖에 못 하는구나. 매일 연습하면 앞집 친구보다 더 잘할 수 있겠지.
> 온종일 동생과 싸우면 어떻게 하니? 내년 봄이 되면 네가 학교에 들어가니까 천만다행이지!

아이는 주변 어른들이 학교와 관련하여 하는 말에 귀 기울이며 더 긴장할 수 있습니다. 취학 준비는 학교생활의 엄격함을 미리 알려 정신 차리게 하는 것이 아닙니다. 아이가 새롭게 시작하는 12년간의 학교생활을 위해 교육현장에 대한 긍정적 기대감을 높이며, 평상시 아이가 자신의 성장을 느낄 수 있도록 해주는 것이 바람직합니다.

> 학교 들어가면, 선생님이 재미있는 동화도 더 많이 들려주시고, 친구도 많아져서 좋겠다!

오늘은 김장 무와 배추를 다듬는데, 엄마 좀 도와줄래? 정말 의젓하게 잘 하는구나. 이제 학교 갈 나이가 되어서 오빠만큼 힘이 세어졌구나!

늦가을부터 초봄 입학 직전까지 이어질 현명한 취학 준비는 지적 교육을 미리 하는 게 아니라 아이의 기를 충분하게 살려주는 일입니다. 자신감과 자존감을 높이도록 가정에서 부모가 일상 표현에 주의해야 하며, 일상생활에서 조금씩 책임감을 가지고 소소한 가사에 참여하게 하는 것이 매우 효과적입니다.

큰아이가 10월 초에 만 6세가 되었습니다. 지금까지 아이에게 정말 아무것도 시키지 않았어요. 가끔 장손의 교육이 걱정된다는 시부모님의 말씀에도 제 교육관을 따라 주시라고 당돌하게 반응한 적도 있지요. 남편에게 별도로 몇 번 영어 학습 얘길하시다가 지난 설 모임에 드디어 두 손자의 교육은 맏며느리인 제 결정을 따른다고 선언하셨습니다. 그래서 이제 시어머님도 아무 말씀 안 하십니다. 결혼 전에 이미 친정 조카에게서 조기교육의 폐해를 목격했던 터라 지금까지 제 양육관은 흔들리지 않았습니다. 그런데 지난달, 둘째 아이 산후조리원 모임에 다녀와서 알 수 없는 불안증이 생겼습니다. '내년 3월에 입학인데 너무 무심하지 않았나?' 다행히도 조기교육을 저보다 더 반대하는 소신파 남편은 변함없이 태연합니다.

그런데 공교롭게 큰아이가 요즘 문자에 부쩍 관심을 보입니다. 고모에게 생일 선물로 받은 공책과 연필을 가지고 식탁 위에 앉아 동화책을 보면서 서툴지만 혼자 글씨를 그립니다. 아이 스스로 문자에 호기심을 보이니까 한글 교육을 조금씩 하면 어떨까요? 발도르프 교육에서 말하는 지적 학습은 언제부터 가능한가요? 외적인 판단의 기준이 있나요?

시부모와의 교육관 차이를 슬기롭게 잘 극복한 셈이네요. 부부가 소신으로 일관성 있게 자녀 양육에 힘쓰면, 아이는 분명 건강하게 성장합니다.

보통 '취학 준비'라고 하면 학교에서 이루어지는 학습 내용을 아이가 무리 없이 소화할 수 있도록 미리 준비하는 것을 의미합니다. 일종의 선행학습이지요. 특히 수업 내용을 이해하지 못할까봐 우려하여 대부분 문자교육을 강조합니다. 이것은 아이가 외부 조건에 맞추도록 유도하는 일입니다. 아이의 개별적 성숙 과정과 무관하게 취학 전 아이에게 일정한 틀을 가지고 정해진 능력을 요구하는 것입니다.

발도르프 교육에서는 아동 개인별 발달을 중요하게 여깁니다. 지적 학습은 내면의 힘이 자연스럽게 성숙해야 가능하다고 강조합니다. 그래서 취학 전에 우선 신체 발달의 현상 몇 가지를 관찰합니다. 예컨대 외적으로 키와 사지의 비율, 뼈대 형성, 이갈이, 건강 상태와 운동성 등을 보면서 지적 학습의 가능성을 판단합니다. 구체적으로 아이의 젖니 갈이가 시작되면, 신체 비율의 변화를 전제로 간단한 테스트를 합니다. 왼팔을 올려 귀에 대고 정수리 부분을 감싸 손가락 끝이 오른쪽 귀밑에 닿으면, 내장기관의 성장이 어느 정도 마무리되었다고 봅니다. 신체 발달에 주력한 생명력 일부가 이제 인지능력으로 변형을 일으켜 지적 학습이 가능한 것으로 판단합니다.

이것은 각 가정에서도 취학 전 아동에게 쉽게 시험해볼 수 있습니다. 신체 발달이 이루어진 상태에서 아이가 지적 호기심으로 문자를 배우고자 할 때 한글을 가르치면 금방 배웁니다. 이른바 적기 학습이 가장 효과적임을 확인할 수 있습니다.

살다 보면 크고 작은 일들이 예기치 않게 일어나고, 주어진 상황에서 늘 어떤 선택을 하면서 앞으로 나아갑니다. 활동이 힘겨워 잠시 쉼을 가지는 동안 문득 떠오르는 어떤 상이 분명 미래 활동의 씨눈임을 나중에 확인하기도 합니다. 이것은 삶의 흐름 속에서 하나의 단계를 마무리하는 매듭이자 동시에 다음 단계를 시작하는 매듭이 됩니다.

《발도르프 육아예술》이 2017년 새해를 여는 책으로 발행되기까지 잉태 과정을 동반해준 고마운 사람들이 떠오릅니다. 맨 먼저 구로구에 위치한 큰다우리 어린이집에서 마련한 부모교육의 장면입니다. 그 자리에서 발도르프 교육의 핵심을 단번에 파악하고 반색하던 어떤 어머니가 마침 한겨레 김노경 기자님이었습니다. 루돌프 슈타이너 교육론의 '새 내용'을 기자의 직관력으로 신속하게 붙잡았고, 저는 2012년 가을부터 한겨레 베이비트리 육아사이트의 교육칼럼 집필진이 되었습니다. 그리고 칼럼 연재가 이렇게 지속된 이유는 육아전담 양선아 기자님과 간간이 이루어지는 긴밀한 토론 덕분입니다. 예리한 통찰력을 가지고 가끔 개인적으로 던진 질문들이 발도르프 교육의 의미를 더 깊이 새기게 만들었습니다.

해를 거듭하며 칼럼이 수십 편 쌓이는 동안 간혹 출판을 건의하는 사람들이 있었습니다. 그래도 저는 이런저런 핑계로 별 반응 없이 지내다가, 몇 달 전에 '우연히' 씽크스마트 출판사의 김태영 사장님과 첫 대면을 하게 되었습니다. 소규모 출판사가 안고 있는 여러 가지 어려움에도 사장님의 경영철학은 확고해 보였습니다. 또한 우리 사회의 문제 중에서 교육 현안을 우위에 두고, 좀 더 나은 미래를 꿈꾸며 현 교육의 지평을 넓히기 위해 발도르프 교육을 알리려는 사장님의 의지가 마침내 저의 동력을 이끌어 냈습니다.

빡빡한 출판일정을 꿰면서 연초에 이루어낸 이 책의 출간은 발도르프 교육운동에 큰 선물처럼 여겨집니다. 실무를 맡아 조력을 아끼지 않은 몇몇 고마운 분들이 빠른 행동력을 보여주셨기에 가능한 일이었습니다. 특히 출판사의 이순업 실장님은 숨 고를 틈조차 아껴가며 몇 주 동안 마무리 작업을 세심하고 신속하게 해냈습니다. 또한 내용 고르기 과정을 뒷받침하는 데는 발도르프 영유아교육예술가 전문과정을 마치고 현장 경험을 차곡차곡 쌓은 이연희 선생님이 책임감을 발휘하여 열정적으로 동참했습니다. 사단법인 한국루돌프슈타이너의 신미현 사무국장님은 다방면에서 노력을 아끼지 않았습니다. 늘 발도르프 교육의 확산을 위해 생각을 모으던 중이라 주어진 일들을 일사천리로 해냈습니다. 끝으로 마무리 작업을 세밀하게 도와주신 슈타이너 전집 번역출간위원장 여상훈 선생님께도 고마움을 전합니다.

어쩌면 헤아릴 수 없는 얽힘과 설킴의 세상 법칙으로 인해 삶의 작은 열매는 때가 되면 맺어지나 봅니다. 그동안 육아 실전에 부대끼는 젊은 부모의 모습과 우리 사회의 교육 현안을 제3자의 입장에서 좀 냉철한 눈으로 바라볼 때 안타까웠습니다. 특히 자녀사랑이 큰 '착실한' 학부모에게는 다른 세상도 있으니 현실 논리를 과감하게 떠나보라고 말하고 싶었습니다.

삶의 새로운 가치를 추구하는 여러 사람이 이 책을 탄생시켰으니, 그 진심이 세상의 빛이 되어 널리 퍼져나가길 바랍니다.

1    Emmi Pikler, 《Friedliche Babys-zufriedene Mütter : Pädagogische Ratschläge einer Kinderärztin》, Freiburg 2001.

2    Martyn Rawson, 〈Guidelines for School Readiness〉, 2002. / J. K. Uphoff, J. E. Gilmore, 〈Einschulungsalter-Wie viele Schüler sind leistungsbereit〉, 1997.

3    E. Kallo, 《Von den Anfängen des freien Spiels》, Berlin 2008. / 에바 칼로 · 기요르그 발로그 저, 박성원 역, 《자유놀이의 시작》, 행동하는정신, 2014.

4    루돌프 슈타이너 저, 이정희 외 역, 《루돌프 슈타이너의 정신과학에서 바라본 아동교육》, 섬돌, 2008.

5    Wolfgang Goebel, Michaela Glöckler, 《Kindersprechstunde : Ein medizisch-paedagogischer Ratgeber》, Stuttgart 1998, p. 371

6    Annette Bopp, Birgit Krohmer(Hrsg.), 《Baby-Guide fürs erste Jahr》, München 2010.

7    Dr. Med. Jan Vagedes, Georg Soldner, 《Das Kinder Gesundheitsbuch》, München 2015, pp. 68~70

8    미하엘 카스너, 〈유아교육 현장에서의 영양〉, 슈투트가르트 2011. 페터 랑 · 마리 루이제 콤파니 저, 이정희 외 역, 《발도르프 유아교육》, 행동하는정신, 2013, pp. 234-251

9    〈Berliner Zeitung〉, 2001. 07. 31.

10    M. Kiel Hindrichsen, R. Kviske, 《Wackeln die Zähne-wackelt die Seele》, Stuttgart 2013.

11    〈Canadian Medical Association Journal〉, Vol. 184, 2012. 04. 17.

12    〈Spiegel Online〉, 2015. 08. 11.

13    이기숙 저, 《적기교육》, 글담출판, 2015.

14    David Elkind, 《Miseducation : Preschoolers at Risk》, New York 1988.

**참고자료**

Rudolf Steiner, 《Von Seelenrätseln》, Dornach 1997.

Remo H. Largo, 《Lernen geht anders : Bildung und Erziehung vom Kind her denken》, Hamburg 2010.

A. Bopp, B. Krohmer(Hrsg.), 《Baby-Guide fürs erste Jahr》, München 2010.

Emmi Pikler, 《Miteinander vertraut werden》, Freiamt 2008(4. Aufl.).

게랄트 휘터 · 울리 하우저 저, 박정미 역, 《엄마와의 거리 25센티》, 머스트비, 2014.

A. 고젠 외, 〈존중과 공감의 돌봄〉, 사단법인 슈타이너센터 자료집, 2014.

루돌프 슈타이너, 《내면의 수수께끼에 관하여》, 한국인지학출판사, 근간.

# 발도르프 교육

발도르프 교육현장은 크게 유아교육, 학교교육, 치유(특수)교육으로 나눠진다.

현재 우리나라에서도 창의교육의 현장으로 관심을 기울이고 있는 발도르프 학교는 20세기 초 소박하게 탄생했다. 한 기업인, 에밀 몰트가 진지한 뜻을 품고 소규모로 학교현장을 만든 것이 놀랍게도 세계적인 교육운동으로 이어진 것이다.

독일의 남부 도시 슈투트가르트에서 1919년 최초의 자유 발도르프학교 Freie Waldorfschule가 문을 열었던 시기는 1차 세계대전 직후에 해당하므로 정치·경제적으로, 사회·문화적으로 매우 어려운 상황이었다. 발도르프-아스토리아 담배공장의 사장 에밀 몰트(1876~1936)가 혼란스런 사회 실상을 극복하고, 새로운 비전을 향해 구체적이고 적극적인 사회 참여를 시도했다.

몰트는 사회·정치·문화 전반에 걸친 문제를 근본적으로 개선하려는 의지를 가지고 자신이 경영하는 담배 공장의 노동자 자녀를 위해 인지학의 정신을 토대로 교육현장을 만든 것이다. 당시 총 학생수 250명, 교사 12명의 작은 규모로 출발한 발도르프 학교를 루돌프 슈타이너 박사가 1925년 사망 전까지 이끌면서 인지학에 근거한 새로운 교육학의 토대를 만들었다.

100년의 역사를 지닌 발도르프 교육학은 전통과 문화를 뛰어넘어 전 세계로 퍼져나가 현재 발도르프 학교(루돌프 슈타이너 학교)는 약 1,000개를 헤아리며, 발도르프 유아교육 현장은 1,600개 이상이다. 주목할 만한 것은 유네스코가 지원하는 교육 프로젝트 역시 발도르프 교육방식을 모델로 채택하고 있다는 점이다.

한국에서도 발도르프 교육에 대한 관심이 점점 높아지고 있다. 학교교육 분야는 혁신학교 및 대안교육 현장에서 일부 적용하여 실천하고 있으며, 특히 영유아교육 분야는 전국적으로 확산되어 발도르프 실천현장이 급속히 늘고 있다.

---

발도르프 교육자의 지향점

· 아동과 진정한 내적 만남을 이루고자 노력한다.

· 자기연마를 위해 쉼 없이 노력한다.

· 인지학과 발달심리학의 의미를 늘 새롭게 마음에 새긴다.

# 루돌프 슈타이너

인지학人智學(Anthroposophy=정신과학)의 창시자이며 괴테아눔(스위스 바젤 근교 도르나흐 소재) 건축물을 직접 설계한 사람으로 알려진 루돌프 슈타이너는 세계 최초로 정신계를 학문적으로 제시한 인물이다.

20세기 초반 폭넓은 저술 활동과 6,000회 이상의 강연회에서 정신세계에 관한 연구 결과를 구체적이며 과학적으로 설명했다. 현재 간행되어 읽혀지는 슈타이너 전집은 300권 이상에 달한다. 주요 저서 중에서《자유의 철학》《괴테의 세계관》《신지학》《어떻게 초감각적 세계의 인식에 도달할 수 있는가?》《비밀학 개요》 등은 인지학의 기본 토대를 이룬다. 슈타이너의 정신과학은 현대인의 삶 속에 구체적으로 실천되고 있다. 슈타이너가 체계적이며 학문적으로 연구한 정신과학은 단순한 지식체계가 아니다. 우리의 삶과 관련하여 인지학은 다양한 분야에서 실제적이며 구체적으로 실현되어 하나의 정신문화운동으로 펼쳐지고 있다. 현대인에게 이 정신운동은 "살아있는 자극제"로서 현재 전세계적으로 확산되어 가는 추세이다.

슈타이너의 인지학을 토대로 세계적으로 실천되고 있는 대표적인 응용분야
- 발도르프 교육학(영유아교육, 초중등학교교육, 치유(특수)교육)
  : 슈타이너의 발도르프 교육학은 1994년 유네스코에서 인정한 세계적인 창의교육으로 현재 우리나라에서도 주목받고 있다.
- 인지학적 의학 및 약학(현대 심신의학의 초석)
- 생명역동농법
  : 정신과학의 관점에서 자연과 인간의 연관성, 우주와 농업의 관계를 포괄적으로 인식한 농법으로 일반 유기농 또는 무농약 재배와 다른 차원에 있다.
- 동작예술 오이리트미(예술 오이리트미, 교육 오이리트미, 치유 오이리트미)
- 인지학 예술치료
  : 미술치료, 음악치료, 치유 오이리트미의 활용은 세계적으로 확산되어 있다.
- 괴테아눔 건축물을 통해 탄생한 유기 건축 양식

"인지학은 우리에게 인간의 가치와 존엄과 본성을 인식시키고
삶을 위한 최고의 용기를 불어 넣어줄 것이다."
-《인간과 지구의 발달: 아카샤 기록의 해석》중에서

## (사)한국슈타이너인지학센터

인지학을 지속적으로 연구하고 그 응용분야들을 한국에 널리 알리고자 2000년 3월 발족하여 2008년
사단법인이 되었습니다.
특히 우리 사회의 교육 현안에 자극제가 될 수 있는 발도르프 교육학을 전달하는 데 힘쓰고 있습니다.
100주년의 역사를 가진 세계적인 혁신교육이 구체적으로 적용될 수 있도록 독일 발도르프 사범대학
과 협력하여 영유아교사, 학교교사 양성과정 및 오이리트미 전문교사 디플롬 자격과정을 진행하고 있
습니다.
사단법인 부설 나임발도르프평생교육원은 영유아 아동 인권을 보장하는 '공감과 존중'의 교육운동을 펼
치고 있습니다. 또한 한국인지학출판사에서는 루돌프 슈타이너의 전집발간과 발도르프 교육 자료를 번
역·출판하며 국제교류활동에도 적극 힘쓰고 있습니다.

사단법인 한국슈타이너인지학센터 | 나임발도르프평생교육원 |
서울 오이리트메움 예술원 | 한국인지학출판사

04090 서울시 마포구 독막로 230 우리빌딩 2층·6층
www.steinercenter.org
anthroposophy@hanmail.net
Tel. 02-832-0523
Fax. 02-832-0526